改變生命的10種祈禱

這10種請求，神一定會答應你！

Ten Prayers God Always Says Yes To

Divine Answers to Life's Most Difficult Problems

安東尼・戴斯特法諾 Anthony DeStefano ＿＿ 著
林冠儀 ＿＿ 譯

目錄

推薦序　打開豐盛生命的十道門　6

前　言　美妙到令人難以置信？　9

第一章　神啊，請讓我看見祢的存在　19

多麼希望我可以相信……

神會給你一些徵兆，讓你感覺到祂的存在——一個既真誠、智慧且合理的徵兆。不論祂給予你的徵兆是什麼，有一件事是可以確信的——你一定會認出這個徵兆來。

第二章　神啊，請祢讓我為人所用　41

幫助他人對我有什麼好處？

如果要說祈禱是什麼，它是與神的邂逅。當我們真誠地如此請求，神將會引領我們無以避免地去幫助他人。總有一天，向神祈禱將使你願意去愛你周遭的所有人。

【推薦序】

打開豐盛生命的十道門

陳偉仁

每個人的一生都可以感受、經歷與擁有豐盛的生命。

大家都有！所以，這豐盛的生命價值不大？不，當然不是；因為，這豐盛的生命內含十種特別的能力，讓生命可以洞見生命之源，能夠分享，願意給予，樂於寬恕，醞釀寧靜，穿越苦難，展現勇氣，獲取智慧，遠離絕境，以及走向盼望。

這世上真有這樣的豐盛生命？這豐盛的生命要到何處尋？取得這豐盛的生命需要甚麼昂貴的代價？

這豐盛生命給人的最大驚奇，不是有沒有的問題，也不是到何處尋的問題，更不是代價是否昂貴的問題，而是，你我的內心要不要的問題。

你的內心需要這豐盛的生命？打開這本書閱讀吧！不過，閱讀之前，請務必先了解你，也是每一人內心的處境。

內心的處境是一個緊密的心房，它有十道門，每一道門上都有許多的鎖，就是心鎖，不過，這些心鎖不是在門外，而是在門內。奇妙的是，心房的每一道門，門外就有豐盛生命，分別是讓生命可以洞見生命之源，能夠分享，願意給予，樂於寬恕，醞釀寧靜，穿越苦難，展現勇氣，獲取智慧，遠離絕境，以及走向盼望的力量。而且，這十種豐盛生命的力量，很樂意分別從這十道門進入心房給人，只是，心房裡的內心總是不願打開門內所有的心鎖，以至於這些豐盛的生命無法進入人的內心。

怎樣打開心房這十道門上所有的心鎖？打開這本書閱讀吧！不過，切記，當你對書上所說難以接受之際，千萬不要將書合起來，因為你正在嘗試打開一個很難開的心鎖。當你很渴望這豐盛的生命，卻還在考慮是否願意相信書上所說之際，不妨將眼睛閉起來，用你的內心來禱告，因為能否打開心房裡的心鎖，就只在你的一念之間。

（本文作者為世界展望會副會長）

這本書獻給我的弟弟維托、卡爾民、塞爾瓦托，

以及我的妹妹艾莉莎

祈禱可以帶來更多事物，遠比這個世界所夢想的還多。

——英國詩人阿弗雷德‧丁尼生（ALFRED, LORD TENNYSON）

當我們懷抱著真誠祈求，悲傷將會如雪一般融化在太陽底下……

——聖維雅內神父（JOHN VIANNEY, CURÉ OF ARS）

【前言】美妙到令人難以置信？

這本書談論的是神永遠會答應的祈禱。不是祂也許會、不是現在會、也不是祂會拒絕的祈禱；不是那些祂有時候、大部份時候或者偶爾會應允的祈禱；這本書講的是神**永遠會答應**的祈禱。真有這樣的祈禱嗎？請相信我，此事千真萬確！

我可以預想，在這個令人既疲憊又悲觀的文明社會裡，看到這樣一本書而沒吃驚到眼珠子掉下來有多麼難！但我可以向你保證的是：這絕對不是一個玩笑或噱頭，這也不是任何一本宣揚自我成長、積極思考的力量、或者提倡「零資金購買房地產」能力的自救手冊。這本書在講的是人人唾手可得的「心靈寶箱」——儘管它適用於每一個人，但卻很少有人願意開啟它。這是一些會被實現的祈禱，一些真實且實在的請求。

為什麼人們不把握機會，善用這些真實且實在的祈禱來向神請求呢？很大的原因在於他們都被那些永遠不會實現的請求給困住了。時至今日，世界各地的人們仍舊沮喪地搖著頭，他們問：「為什麼當我哭著祈求神，神還是不願回答我呢？」

為什麼神不願治好我母親的惡性腫瘤？為什麼祂不肯將我從這份糟透了的工作中拯救出來？為什麼祂不能幫我加薪、讓我可以支付我的帳單？為什麼祂不救救我太太的哥哥免於嚴重的心臟病發作？為什麼神不賜予我一個丈夫或是男朋友，讓我不再寂寞？為什麼我這麼努力地祈禱，希望祂給我一個健康的孩子，祂卻還是給了我一個自閉症的兒子呢？

為什麼，為什麼，為什麼？

我們很難去理解：一個想像中全能、全知且博愛的神——一個創造了太陽、月亮和星星的神，一個絕對有能力做任何祂想做的事的神——竟常常忽略我們的請求，更糟糕的是，祂直截了當地拒絕了我們。有沒有任何解釋，可以使我們不再對祂感到憤怒呢？

市面上有成千上萬談論「如何祈禱」的書，也有數以百萬計的佈道宣揚著「如何向神祈求」；但迄今為止，這門學科似乎仍然是個未解的謎。如聖經上說，神的旨意無法臆測。某種程度上來說，我們必須接受它；然而，我們更想要的是去弄懂它。在我們面對生命中的難題時，我們想要知道**為何神始終保持沉默**？是否如某些說法所主張的：其實我們只能在宇宙中踽踽獨行？如果神真的存在，且聽得見我們的祈求，為什麼祂還常常對我們說「不」呢？我們又該如何讓神的信念如我們所知的言行一致，就像祂這麼說：「你們求，必要給你們；你們找，必要找著；你們敲，必要給你們開。」（瑪竇／馬太 7:7）然而，不可否認的事實卻是：這相同的一個神，卻常常拒絕答應我們最深切的渴望。

很不幸的是，答案永遠是我們最不想聽到的，神的確對我們說了很多個「不」。有時我們走向祂，提出一個最簡單的要求，祂對我們說「不」；有時在我們最脆弱的時刻，當我們無法向世界上的任何一個人尋求協助時，祂對我們說「不」；有時當我們跪倒在地，拚了命地乞求祂的協助，祂向我們說「不」。

神之所以拒絕我們，有部分的原因在於我們扭曲了看待「祈禱」的態度。實質上來說，我們用和我們看待家庭生活中其他事物相同的「消費心理」來看待它：我們要**這個**、**那個**、還有很多**其他的東西**，而且我們**現在就要**。

但是神並不是超級市場裡的售貨員，這個世界也不是巨大的沃爾瑪百貨公司。只要我們持續在這種誤解下做努力，每當神對我們說「不」的時候，我們只會繼續感到沮喪。現實是殘酷的，神有祂所操持的嚴格準則：祂會「考慮」我們所期許的請求，而神嚴格的準則，有時候我們很難接受。

首先，不論我們多麼認真地向神請求，這世上仍有許多的祈禱，神會對我們說「不」。舉例來說：假使我們祈求神某件事，而這件事很明顯地對我們的精神和心靈有害，那祂一定會對我們說「不」。假如一個人想對他的朋友撒謊、私自挪用公款或和同事偷情，神不會給予他任何協助。但這也不代表想做這些壞事的人最後不會成功，或許他會，因為神幾乎不會阻止我們做任何錯誤的決定——特別是當我們內心充滿叛逆因子的時候。祂給予我們一個棒透了的禮物——**自由選擇**，這其中也包含了各種各樣做壞事的選擇。但當神准許人們犯下罪行、打破戒律、傷害他們身邊的人們、或諸如此類的事情時，問題還是一樣，祂肯定不會提供任何神聖的援助。一個人或許可以將他的淫蕩勾當全部付諸實行，但那是他自己的作為，並不是來自於全能的神對他的請求所給予的回覆。

當然也有一些請求神會對我們說「不」，但祂拒絕我們的理由並不容易理解，即使我們非常努力地想去弄懂它。古諺這麼說：「神給我們的，是我們**需要的**，不是我們**想要的**。」這意思是，當神決定答應我們的要求時，祂採用一套和我們全然不同的衡量準則。就像一個好父親，神所關心的，不是滿足我們的每一個願望；相反地，祂只關心一件事：我們最終的美善，決定我們是否會進入天堂。根據長遠目標觀之，神會評估我們所做的每一個祈禱。當我們祈求神答應我們某事時，祂會回答「好」或者「不」，都是根據祂預期了我們的未來而做出的決定。當神回答我們「好」的時候，我們精神上會走到哪個方向呢？假若神回答我們「不」的時候，從長遠觀點來看，這對我們的靈魂又意味著什麼呢？我們更有可能得到的會是救贖，還是譴責？以此作為我們向神這麼祈禱所得到的結果——又或者我們什麼也得不到？此外，我們生活周遭的人們，那些受我們所為而受影響的人們又將會如何？他們有可能進入天堂嗎？還是不會呢？

有鑑於此類整體考量，神有時候也會准許某些看似糟糕的事情發生在我們身上，因為祂知道我們「最後」將會從中獲得益處。在這種情況下，我們可以說，當我們祈求神的協助卻遭到拒絕，是因為這些祈禱與神的旨意不符。

曾經花費時間祈求神協助的人們，都經歷過被神拒絕時那種失望的感受。我記得我曾經非常認真地祈禱，希望能擔任政府裡的某個職務；那時我只有二十幾歲，並沒有這麼虔誠。這個特殊的職務，對我而言，是進入政治世界的一個很大的機會；我一直夢想著有朝一日能競選公職，並廣為世人所認識。也因為這個職務對我的未來有重大影響，我花了好幾個晝夜虔誠地祈禱，希望神能夠幫助我。我做了所有一般人會做的承諾：只要神願意幫我這個**小小的忙**，讓我取得這個職位，我一定會變成更好的人，戒除我的壞習慣，並且會常常上教堂。

如你所料，我並沒有得到那份工作，也因此，我整個職涯範疇可能性的大門關閉了。我非常地沮喪，雖然我沒有因此而不相信神，但我當然對祂很不滿意。事實上，在那幾個月裡，我還對祂說了很多不好聽的話。現在回想起來，儘管如此，我知道得到那份工作，可能會是對我最糟糕的一件事。我深深了解自己和自己的個性，我可以想見我顯然相當不適合從政。除此之外，假如神答應了我的祈求，那麼我必須搬到離家很遠的地方；那幾年裡，我會在一些完全不同的圈子裡打轉，也絕對不會參與教會生活。那麼，也不會寫下我的第一本書《天堂旅遊指南》以及你正在看的這一本；簡言之，我的人生會有很大不同，而且不會比現在更好。

也許你身上也發生過類似的故事，回首我們漫長的人生旅程，有時候很容易明白為何神拒絕了我們的某些要求，但有時候卻很難去理解為何神拒絕了我們。這些對我們來說都很難接受，因為我們無法了解神的理由。當我們向神祈求某件事，其實我們並非永遠佔優勢、並擁有絕佳的後見之明，我們也沒有一個可以預見未來的水晶球。自然地，我們很難去了解神的智慧——不管祂答應或者拒絕了我們，我們還是必須孤獨地繼續堅持我們的信仰。

這正是我們所不想聽見的答案。當我們滿心期待地祈求某件事，比如：擺脫債務或治癒我們的疾病，「神只給予我們『最有益』的幫助」這句話聽起來既空洞又無望。大部分時候，我們並不在乎什麼對我們的未來是最好的，我們只想得到立即的滿足；我們只盼望得到我們認為我們最想得到的答案，而不是神認為對我們最有必要的答案。

於是我們不再祈禱，不再虔誠地祈求，甚至開始懷疑這個理當會聆聽我們祈禱的「神」的存在。很多人用「祈禱從未得到回覆」來作為他們不相信神的原因。

但是你知道嗎？這件事有它的另一面，一種既超凡又美妙的另一面。

假如神只給予我們「我們所需要、且對我們的精神成長有益」的祈禱，那不正符合了祂一直想要給予我們的準則嗎？這不就表示，我們一直需要的祈禱，也就是對我們有益的心靈恩惠和美德祈禱是真實存在的，不是嗎？而這不也進一步說明了，這世上的確有一些祈禱，不論在任何時間、任何情況下，**神永遠都會回答**

「**好**」的，因為它們永遠都會「符合神的旨意」。

你看，有許多的基本精神需求，我們並沒有考量到它將對我們的未來造成什麼影響；也有許多請求，不論現在的處境如何，我們要求神給予的是對我們的長遠未來有益處的——這些事永遠不會與神的旨意衝突，而神也永遠樂於答應我們的請求。即使神會准允這些充滿未知的、看不見未來的，神秘自由意志的請求，也總有一些基本的請求，神永遠會肯定地答應你。

的確，是有的。而且很多！我們所該做的事，就是尊敬聖經、基督的言論、數百年來基督教神學家的著作、以及現在成千上萬的人們所祈禱並得到回音的梅瑟（摩西）十誡。

神樂於答應我們的祈禱。不只是「小小」的祈禱，也包括「很大的」、「實際的」、「深刻的」祈禱。我們不會常常想著這些，因為它們並非屬於「消費者」之流的祈禱。我們一定很難想像，有時我們只是向神提出一些基本請求，這些請求會很快被實現，而當這些請求實現時，我們的生活將會在一夕之間改變。我們的生活將比現在更刺激且充滿熱情一百倍，將比現在減少壓力與憂慮纏身一百倍！

你不相信嗎？

你該如何才能擁有令人難以置信且堅定的信仰——可以抵禦任何危機、任何數量的痛苦的信仰？你該如何才能變得和最勇敢的戰爭英雄一樣有勇氣和力量？並和他們一樣擁有足以解決你生活中所面對的一切難關的智慧？你該如何擁有平靜——一種深刻的內在安寧，好使你可以安全平順地度過生活中的難題？你該如何去經歷最熱情的愛、親密關係和良好溝通的感覺，不論現在的你有多麼地孤單？你有多麼想要知道你的命運——一個獨特的、神早在一開始的時候就為你選定了的命運；一個眼界寬廣的、可與英雄相稱的，足以讓你藐視所有夢想的命運；一個不論你的年齡為何、工作為何、地位為何，你都依然能夠擁有的命運。

這些都可以是你的，而你所要做的，就是祈禱，向神請求。如果這聽起來美妙到令人難以置信，你何不就試試看呢！與其去辯論、否定或忽略它，何不就乾脆地迎接這個挑戰？在讀過一些章節之後，向神提出幾個請求，然後站起來看看它們是否會被實現。

我可以向你保證，在讀完這本書的最後一頁之前，你的生命就會在你眼前開始改變！

第一章

神啊，請讓我看見祢的存在

多麼希望我可以相信……

神真的存在嗎？在整個宇宙中，是否還有更簡單但卻更重要的問題？在人類歷史上，許多的精神痛苦和情緒混亂，是否存在一個原因呢？

諷刺的是，許多人們掙扎著想尋找的這個答案，其實只要透過祈禱的形式，就能輕易地得到上天的回答。因為當我們提升自己的心靈與智慧，謙卑地對上天說：「神啊，請讓我看見祢的存在吧！請給我一些暗示，讓我能感覺祢在天上的某處吧！」祂一定會很高興地回應你，有的時候，速度可能快得驚人。

然而，人們用生命中好幾十年不停地打迴圈，試圖否認神的存在。他們分析問題、在腦海裡一遍又一遍地思索、來回往返數千回，最後，當整個過程結束後，他們仍然無法確定。

為什麼人們經常陷入這種「信仰迷宮」？這許多推論，可能來自於一個基本問題：「我們是否只能在宇宙中踽踽獨行？」、「死亡是故事的終結嗎？」、「苦難是否有意義呢？」、「有天堂和地獄嗎？」、「我們的生命中是否有個終極計畫？」問題是：以上這些問題中，有沒有一個問題能睿智地解答第一個問題——「神是否真的存在呢？」答案是否定的。假使神並不存在，那麼所有關於天佑及永生的論談都是荒誕不經的。喪禮固然是所有故事的終結，如果沒有了神，日復一日的生命也會因此了無意義。就如同我的一個神學教授經常說的：「這是『華納群星總動員』的人生哲學。」因為在舊華納卡通影片中，有一句可以精確描述死亡的句子，那就是：「各位，那就這樣吧！」

反過來說，假若神真的存在，那麼，這個世界為我們打開了許許多多的可能性。有了神，不僅每一個人能得到永生，我們所採取的所有行動和決定都有一個遠超乎於此時此刻的重要意義。事實上，我們生活中所發生的每一件事，下至最微小、最不起眼的細節，都與神的「計畫」神秘的連結在一起。

這裡沒有一絲一毫妥協的餘地：不論我們是否孤單地存在於天地之間，不論我們是偶然地誕生、抑或神只為了某個理由創造了我們，不論死亡是生命的終結還是開始，不論我們的處境是終極地絕望、又或是終極地幸福，兩個以上的不同或截然相反的世界觀是不可能同時存在的。

我們該如何正視這個最深奧的問題呢？有一種方式是透過簡單的邏輯。在漫長的哲學歷史上，有許多關於神存在的論點已被提出。一些已廣為世人所知的最偉大的天才——亞里士多德（Aristotle）、柏拉圖（Plato）、奧古斯丁（Augustine）、阿奎那（Aquinas）、斯賓諾莎（Spinoza）、帕斯卡爾（Pascal）、笛卡爾（Descartes）和康德（Kant），僅舉幾例來說，已證實神的確存在，祂是真實的、活生生的。

這其中有些理性的「證實」還相當有名。有所謂的宇宙論論證（cosmological argument），舉例來說，他們會問：「宇宙中的一切來自何方？」；有「目的論論點」（teleological argument）；他們點出宇宙的次序和布局，並主張這當中必定有個「設計者」；有本體論論證（ontological argument），而這是以完善和存在為根基的理論；有來自於有效因果關係（efficient causality）的理論；有來自於偶然性（contingency）的理論；有來自於「欲望」的理論；有來自於「不同的完美程度」（degrees of perfection）的理論；有來自於「神蹟」（miracle）的理論；有來自於「道德和良知」（morality and conscience）的理論；也有來自於「可靠的證詞」（reliable testimonies）的理論。諸如此類的例子不勝枚舉。

在這裡，我們不多花時間討論這些證實，但以上所有的證實都以邏輯、對於物理世界的觀察、我們內在的自覺和歸納或演繹推理為根基，沒有一個理論是以《聖經》做為基礎，沒有一個理論企圖以「聖經說如此或如何」來主張神的存在。

這些合乎邏輯的證明，特別是對於那些傾向於認為相信神的存在是「不智」的或相信宗教某種程度上是違背科學的人來說，它們可說極有幫助。但問題是，有時候人們將邏輯當作包裹自己的外衣，卻同時又被邏輯給綑綁住了。他們忘記他們一直在找尋的答案其實正在他們眼前，根本不需要任何爭論就可以看得到。

在這樣情況下的信仰，我們很容易忽視其中最基本的一點，換言之，神根本**不是**一個論點（argument）；祂**不是**一個三段論法（syllogism）；祂甚至**不是**一個概念（concept）。神是活生生的存在。祂有能力知道、渴望、創造和喜愛一切物事。祂全然知曉和全然參與。祂是**活生生存在**的。

為何這點如此重要？因為活生生的人是不需要被「證實」的，他們可以被「看見」。假如我想要向每一個人證明我的弗蘭克叔叔真的存在，我並不需要精確地證明這個事實，我不需要出示他的出生證明、護照、駕照或健保卡。我想要的話也可以，但我沒必要這麼做。有一個很簡單的解決方案：如果我想要的話，我可以拿起話筒，撥個電話給他，然後說：「哈囉！弗蘭克叔叔，你今天好嗎？」而如果有人膽敢懷疑我的叔叔不是一個真實存在的、會呼吸的人，而是出於我虛構的想像，我只要將我的叔叔介紹給他們認識即可。

當我們談論到神時，情況也是一樣。沒錯，我們可以提出所有奇特的論點來證實祂的存在，但我們沒必要這麼做。這並不是一個嚴格的規定，因為神的確是活生生存在的，我們可以給他「撥個電話」。因為祂的確是真實地存在著，祂會回應我們並與我們交談——也許當我們「撥電話」給祂時，祂不會使用和弗蘭克叔叔完全相同的方式回應，但也相去不遠了。

這樣聽起來很困難嗎？我向你保證：不會的。只是大多數對神的存在存疑的人們，不曾想過要與神接觸罷了！他們不曾做出真誠的努力，暫緩他們內心的質疑一秒鐘，然後說：「神啊！我不知道祢是否高高在上。事實上，我對於祢是否存在有很大的疑慮呢！但是，如果祢真的存在，祢可否做些什麼讓我看見，使我對祢的存在確信不疑呢？」

你知道當你做出這樣的請求後會怎麼樣嗎？神一定會給你一個答覆，祂將會對你說：「好的。」祂將會讓你看見祂真的存在。為什麼？因為神並不會愚弄大眾。祂才沒興趣跟我們玩躲迷藏，祂的目的不在於讓我們對整個人生感到困惑，或者混淆我們的視聽。沒錯，祂希望我們相信我們看不見和摸不著的事，但祂並不期待我們做任何不可能的任務，祂更不期許我們相信那些我們無法與之溝通的人事物。

你看，溝通就是了解信仰中所有奧秘的一把鑰匙。事實是，世界上的歷史正是神企圖想與人類溝通的歷史。首先，透過創造宇宙和行星群，神基本上已「打破沉默」了；透過創造人類和動物，祂已將這個對談變成可能；透過《聖經》中與亞當、諾厄（挪亞）、亞巴辣罕（亞伯拉罕）、梅瑟（摩西）和達味（大衛）所立的聖約，神已邁出了與我們真實對談的第一步；透過傳送許多偉大的先知如厄里亞（以利亞）和依撒意亞（以賽亞）給祂所選定的人們，祂正在深化祂與我們之間的聯繫、並且將自己更加清楚地「展示」於我們面前；神與我們最直接的溝通即是化身耶穌基督，透過人的形體實際地走向我們，用我們所熟知的語言清楚地與我們對談，神正盡祂一切所能「與我們談話」。而藉著傳送聖靈，首先是在聖神（聖靈）降臨主日的十二宗徒（使徒），接著是這個世界的其他人，直至今日，神仍持續與我們溝通著。

事實是，我們擁有一個「喜愛」與我們溝通的神，而理由則是，溝通是任何關係的起始點。大家都聽說過，神渴望與我們溝通。所有的宗教信仰中，再沒有比這更真實的論點了。的確，在漫長的歷史過程中，神與人類所溝通的要旨永遠是有關聯的，而非是概念上的。這也是為什麼祂比較喜歡我們透過祈禱，而非只依邏輯論據來相信祂。神並非僅是要滿足我們的好奇心，祂更想和我們建立友誼。當我們主動**詢問**祂一個問題，而不是**將祂視為一個問題**，我們其實已進入了一種對談之中——不論我們是否知道。而這個對談——前前後後、來來回回的對話——正是任何一段關係的核心和基礎。

而現在，假如我們只用一種方式和神溝通，我們並不能和祂建立良好的關係。如果神連我們問的一個最簡單問題「祢真的存在嗎？」都拒絕回應，我們就別想期待我們的精神生活能得到一丁點的進步。這也是為什麼當我們虔誠地向祂禱告時，神永遠願意回答我們任何問題。祂究竟會怎麼做呢？

在回答這個問題之前，先讓我告訴你，哪些事祂不會做。如果你請求神讓你感覺到祂的存在，祂並不會用榔頭敲你的頭；祂不會突然化身為人，出現在你的眼前；祂也不會為你展現一些重大的神蹟。當然，如果祂願意的話，祂完全可以這麼做，祂有權力可以決定。而在歷史上，祂也曾在各種不同的時機下對各種不同的人們這麼做過，但這種狀況是很罕見的。而在你的個案中，祂不一定會這麼做。

但是，相信我，你並不需要祂這麼做！我知道要求神向你展示祂的存在、並為你展現一些重大的神蹟是很誘人的一件事，但這是你最不需要祂為你做的一件事。為什麼？或許你會記得這段話：「給誰的多，向誰要的也多。」（路加 12:48）該規則適用於此，讓我來為你解釋。

我們必須去相信一個我們所看不見的神，這正是神賦予我們此生的一種「考驗」。雖然它並不是世界上最簡單的一種考驗，但它無疑是一個我們都可以通過的考驗。我記得當我還是一個小男孩時，和我的朋友玩了一個遊戲。在這個遊戲中，我們都必須閉上眼睛，背後握著另一個小男孩的手，然後向後倒下。它基本上是一個關於信任的遊戲，你必須去相信你的朋友將會接住你。如果他沒有——如果他想對你開個既危險又殘酷的玩笑，他其實可以讓你跌倒，撞到地面。當然，這遊戲的前提就是你的朋友不會這樣對待你。但你還是必須要**相信**他，因為如果他想這麼做的話，他還是**可以**讓你跌倒。你將自己交到他的手中，這並不是多大的風險，但當你向後倒時，你的雙眼緊閉、雙臂抱在胸前，那的確是種可怕的感覺。

神賦予我們此生的信仰試煉也是相似的。透過祂隱形的、看不見的形體，祂其實是要求我們，閉上我們的眼睛向後倒。祂正在要求我們**相信**祂。現在，只要我們相信祂，我們便能通過這試煉；假如我們堅持要做一個冥頑不靈的無神主義論者，我們將不能通過這場考驗；或者，在某些少見的情況下，我們可以將自己完全帶離這場考驗。要怎麼做到呢？

假使神想要的話，祂隨時可以為我們展示一個重大的神蹟或為我們展示一些幻象。假如祂想這麼做，我們不再需要去相信某些我們所看不見的物事。相反地，我們擁有了論證性的「科學」證據。而這正是一些人們要求神所做的事。他們想要的是一個神蹟。他們希望聽見，在一個無聲的空間裡，神能發聲，宣示祂的存在；他們想看見天使在他們眼前出現；他們想要一張桌子或椅子越過地板，自己移動。他們不願意閉上眼睛，背著神握著他們的手，向後倒下，他們不願意相信神。

但這正是我們必須更加謹慎之處。因為假如神從你身上拿走了這個信仰試煉，等於祂將給予你另一個考驗；而可以確定的是，其他的測試並不容易。

你看，絕大多數的人們都必須懷抱著信仰，去相信一個看不見的神，並獨自經歷人生。藉由神這些令人難以置信的舉動所帶來的恩惠，假如你被免除了這項職責，那麼不久後，你將會被要求完成一些相當令人難以置信的壯舉，甚至包含原本可能給予你的生活。

記得梅瑟（摩西）身上所發生的事嗎？在西乃山（西奈山），他被賦予可以看見神撰寫十誡的手指的能力。但接著他卻必須犧牲五十年，在沙漠中度過苦難的人生，且被拒絕進入應許之地（Promised Land）。同樣地，耶穌的宗徒們，在耶穌復活前後，被賜予看見神展示許多令人驚奇的神蹟的榮耀——但他們全部都經歷了可怕的列士之死，死在羅馬人手中（除了若望／約翰以外，他沒有遭到殺戮，相反地，他被浸泡在一大桶沸騰的滾油中折磨）。聖保祿（門徒保羅）在前往大馬士革的路上，遭到撞擊而失明，而他其實聽到了神和他說話的聲音——但那次過後，他卻必須遭受極大的痛苦，被鞭打了無數次，經歷兩次船難，最後在羅馬被斬首。

在地球上，《聖經》的書頁和神的教堂歷史中，充斥了諸如此類的例子。不管我們喜歡與否，這些都是神提供給我們作為替代信仰試煉的種種考驗。而這些會不會是你所想經歷的冒險呢？

我不是暗示神蹟是「不好的」或暗示你要求神展示神蹟是錯的。神蹟每天都在發生。當你面對一個不可解的難題時，你自然會求神以一種超自然的方式**代替**你調解問題，這也不能說有錯。我在這裡所說的是，那些清晰、強大且不容爭辯的神蹟，它們基本上只會呈現出「信仰」神是不必要的和多餘的。假如你要求神的是那種神蹟，而你也得到了的話，小心！

反過來說，假如你只是要求神向你展現祂的**存在**，不需要降下所有的閃電和雷聲，你倒可以期待得到簡單的回應，而沒必要英勇的犧牲，為什麼呢？

答案很簡單，神會給你一些徵兆，讓你感覺到祂是存在的——一個既真誠、智慧且合理的徵兆。當然，這個徵兆的精確本質必須由祂來決定。我們必須永遠記得神是至高無上的，祂能做任何祂所想做的事。但你可以確定的是，那絕對是與眾不同的，這些與眾不同的事——至少對你來說，將是接近超自然的。它可能是一些「很大」的事，也可能是很小的事；可能很戲劇性，也可能很平靜；可能很深奧，也可能很簡單。它也許是通過你和朋友的對話，也可能發生在你上教堂做禮拜的時候；甚至它也可能發生在你參加棒球比賽的時候！神在不同的時間，以不同的方式，對不同的人說話。

不論祂給予你的徵兆是什麼，有一件事是可以確信的——你一定會認出這個徵兆來。當你向祂祈求時，你身上將會發生某些事——某些在你先前的生活中不曾發生過的事。而當這些事情發生時，某些思想將會突然跳進你的腦袋：「**我之前根本不會這樣想啊！**」

這就是那把鑰匙——它是使你認識到你所負責的東西以外的關鍵，是目前直接影響你的生活的關鍵，而這些都不可能是你先前想得到的。它不是某種幻象；它不是天使的聲音；它也不是通常與神蹟相關聯的東西；儘管如此，但它仍然是某種強大的力量。

或許一個阻止你達成某個重要目標的障礙將從你的人生道路上被清除；或許你將可以克服某些掌控你多年的耽溺；克服得簡單而快速。也許你的一個不同且全然無關的祈禱將獲得神的回應；也許你會經歷一個深刻洞察某個問題的時刻，而這個問題是長期困擾你的痛苦來源；或許你將有能力克服個人的惡習，邁向目前為止一直在規避你的美德；或許你將得到一個親密的召喚——一把帶有危險的刷子或當你正冒著生命危險之際，你可以由於某種原因不著痕跡地逃避了它。也許一些歷時已久的爭端，或者長久以來潛藏在你痛苦背後的巨大恨意，將會出乎意料之外地不翼而飛。

不論神如何決定回覆這個請求，你的反應都會是：「究竟它是如何發生的呢？怎麼可能會這樣呢？不過這些都不重要，重點是**我本來沒打算這樣的**。我沒有做任何努力。我沒有打任何電話。我什麼都沒做啊！」你腦中的信念將會逐漸壯大，且在你心裡必定有某些其他的力量起作用。更重要的是，這個力量的現身將使你的信念逐漸茁壯。

這是一個理解事物的臨界點。當這個請求得到神的回應時，將會和你生活中所經歷的，一個普通、尋常的「巧合」有所不同。在每個人生活中，都經歷過巧合和怪異的事件。而這將會和它們不同。這將會是上天恩寵的直接經驗，因此，它也將直接指向事物背後的——神。

現在，我應該在這裡提到兩個條件，而它們適用於本書中我們所將探討的每一個請求。第一個條件，它必須跟「考驗」神的概念有關係。如同《聖經》中明確指出，我們永遠不被允許「測試」全能的上帝。祂根本不能忍受這個，祂將不會理會我們。舉例來說，如果你向神請求：「請告訴我，祢是存在的。」然後在同一時間心裡卻想著：「如果祢不能向我展示祢的存在，我就會知道祢並不存在。」那麼我絕對不相信神會回應你。換言之，如果你的請求是一種條件陳述句——「假若祢做了什麼或什麼，我才會相信祢；假如祢不做什麼，那我就不信。」——那麼神很可能對你說「不」。因為這根本不是一個請求，而是一個命令。你其實是在**要求**神做某件事，否則……你就不相信祂。

如此要求神為你展現祂存在的徵兆，並不是一個適切的方法。關鍵在於——即使你對神仍存有巨大的質疑，你仍必須表現出你的真誠。這是一個非常重要的區別。這裡的目標是，先暫緩你的不信任——只要暫時地就好——給神一個機會進入你的生活。這與「假如神沒有立即滿足你的要求，你就不再給祂機會」不一樣。如果你這麼做，你就對神不忠，甚至你還不尊敬祂；更確切地說，你把神當成那種你期待會為你表演特技的訓練有素的狗。

而這樣，透過這個方式，那些我們稍早所談論的合乎邏輯的證明，都將變得靈活起來。就其本身而言，它們可能不足以給你一種你更喜歡的堅如磐石的信念，但它們肯定是有說服力的，足以使一個人這麼說：「站在擁護神的一方似乎有非常好的理由，因此我很願意姑且一試，懷抱著真誠向祂請求，而不是冷嘲熱諷。」

第二個條件，必須跟現在你是哪種人有關係。讓我們這麼說吧！現在的你過著並不是非常虔誠的生活。事實上，我們可以這麼說，你過的是一種完全相反的人生——你正打破十誡中的大部分禁忌；你正說著謊；你正和辦公室裡的某人偷情；你很自私；你很貪吃，而且你總是易怒。簡言之，你的精神生活過得並不好。以神學的語言來說，你擁有所謂的「漆黑的良心」。

這樣的你，向神祈求還對你有效嗎？

當然有效！但也許神會在不同時間框架下，使用不同的方式。和那些沒有你的惡習的人——那些總是想嘗試著變得更善良的人不同。讓我來告訴你為什麼。

比方說，你拿了兩杯水，一杯是乾淨而清晰的，另一杯則是混濁不堪，然後在兩杯水中分別丟下一枚閃亮的金幣。透過哪一杯水，你能輕易地看見金幣落下呢？很顯然地，是裝著乾淨的水的那一杯。人也是如此。如果神決定要進入你的生活，用一種特別的方式回應你的願望，而如果你現在過的生活，在道義上來說，是混濁而黑暗的，你將會很難看見祂的手。因為你所擁有的缺點和壞習慣，使你很難辨認神和祂的拯救行動——不一定因為你是一個「不好」的人，只是因為我們很難看穿一杯混濁的水。

假如你在暗室中帶著墨鏡，道理也是一樣。想要看清楚周遭所發生的事，對你來說可能是種挑戰。但是，正因為它是一種挑戰，不代表它不可能會發生。假如你正過著一種不道德的生活，你可能需要花很多的時間，才能從你的生活中覺察到神的手，但你仍會看出它來。不管你是一個罪孽深重的犯人，或是一個至高無上的聖人，只要你要求神向你展現祂的存在，祂都會答應你。再說一次，神渴望與我們溝通；祂希望我們相信祂；祂希望我們和祂有所聯繫。這是基督宗教的教義問題。聖保祿做了一個最好的總結：「因為他願意所有的人都得救，並得以認識真理。」不只是聖潔的、不只是宗教的、也不只是道德的，而是全部。

所以，千萬別阻止自己做這樣的請求。目前，只有前進，全速前進。如果你這麼做，你所有的問題和惡習都會逐漸消失不見。當你開始感覺到神在你的生活中出現，你也將開始經歷內在的自由與平靜欣然攜手共度的時刻。你將會發現你生活中的其他物事變得更容易整理了。我們將在以後的章節中討論更多與此相關的事，但是你必須明白，不論你是一個有神論者、不可知論者或懷疑論者，你現在所能做的最好的一件事是，敞開心胸，並且請求神讓你看見祂的存在。

C. S. 路易斯（C. S. Lewis）[1]曾說，無論神用祂的左手從你身上拿走什麼，祂總是能用祂的右手更豐裕地還給你。神從我們身上拿走了**可以用雙眼看見祂**的能力，但這只是因為祂在我們心中留下了更美好的東西。就像一個瞎子，他被迫使用其他感官體驗世界，神迫使我們透過不同的感官看到祂；透過神聖的鏡頭看到祂——如果我們願意的話。當我們這麼做時，祂不只給了我們看見祂的能力，祂其實也給了我們變成祂身體一部分的能力。而我們與神所分享的這份親密關係不僅只是表象的，也是深入其內部的。假如我們虔誠地回應神，我們和祂的關係將會變得非常密切而親密，我們將會確信祂是存在的，如同我們對我們自己的認知一樣。

這實際上意味著，當你許下這個願望，你的信念將開始慢慢茁壯，先是慢慢

1 近代英國文學大師，代表作為奇幻文學巨著《納尼亞傳奇》。

地——然後呈現幾何級數成長。當神開始向你展示祂的存在，這只會是個開端。《聖經》是這麼說的：「你們要親近天主，天主就必親近你們。」（雅各伯書／雅各書4:8）你越向神邁出腳步，祂也會越加走近你。就像是一個人躺在陽光下的沙灘上，他的肌膚將會隨著時間的增加而越曬越黑；隨著你曝曬於神之光的時間越長，你的信念也會變得越來越深。這可能需要一些時間，但是，請相信我，你將會到達一個不會再懷疑祂的存在的境地。事實上，你會開始建立一種對神的確定性，而這種確定性，是你未曾在別的事物上經歷過的。

有了這種新的確定性，你也開始有一種感覺，我只能說它是一種無敵的感覺——一種什麼都不能觸碰到你的感覺。你將會感覺自己像是在坦克車裡的士兵、或是穿著防彈背心的警察一般，安全地來回走動。你將會意識到，即使你周遭的全世界崩塌，你仍屹立不搖、毫髮無傷。而這就是這種祈禱會賜予你的精神鎧甲。

這種龐大的幸福感覺會直接從你即將知道的事實而來——不是願望、不是希望、不是懷疑，只有**知道**——有一個全能的創造了宇宙的神，而祂在白天與夜晚的每一時刻，皆與你同在。各式各樣的問題——從前造成無盡的巨大痛苦和焦慮的問題——將不再對你造成任何重大影響。金錢、同事問題、家庭成員和疾病問題和一陣陣的孤獨和沮喪的感受——即使是死亡本身，都再也無法用同樣的權力支配你的生活。

不要誤會我的意思。我並不是說這些問題會奇蹟般地消失。我的意思是，你會感覺它們開始急遽變化——更重要的一點是，你將會站在一個有實力的位置，並且有能力處理你生活中所有的問題。這是除了信念以外，神慷慨贈予你的美德之一。

我也不是說，你會永遠不對神有所懷疑。這一路上，你很可能還會遭遇挫折，摯愛親人的死亡或甚至你生活中的其他創傷，都將產生短暫的信仰危機。但是，這種情況不會持續太久。我非常相信這個論點，「相信神」並不是你所經歷的一個階段；它也不是你失去興趣的一種習慣，或者一段你已停止燃燒熱情的戀愛；真正的信仰是不斷地前進。如果你將我所談論的這種信仰繪製下來，以圖畫表示，你將會看見某些地方下降和衰退，但是一般性的運作仍是往上的。一旦你在這條路上開始動身，神的目標將永遠相同。祂希望你擁有一種超級信仰——一種無敵的、永遠的且堅不可摧的信念。

而這都始於一個簡單的祈禱：「神啊！請讓我看見祢的存在。」

這是十九世紀的一幅美麗畫作，而它也闡明了此一論點。畫名叫做《世界之光》（*The Light of the World*）。在這幅畫中，耶穌基督提著一個提燈，在一個黑暗、風雨交加的夜晚，站在一個小村舍外。祂站在門外，敲著門，等著進去；但房屋的主人因為看不到門的後面，於是什麼也沒有做。沐浴在金黃色光芒之中的主耶穌基督的形象，看起來極為寧靜，彷彿祂已準備好站在村舍門外，敲一輩子的門。這是一幅驚人的圖像，因為它說明了黑暗世界中真理的光芒。但這幅畫中真正有趣的地方在於，有一些不尋常的細節沒有被畫出來——假如你仔細看看家中的門，你會看見一個把手，或輕易地發現一道門閂——為什麼畫裡沒有？藝術家不可能忘記將它放進畫作中。更確切地說，這點出了一個崇高的理論論點：人類的心門只能由內而外被打開，而神從來不曾強行進入。

在此一章節中我們一直在討論，好像我們才是那個負責與決定神的第一步的人，但實際上並非如此。儘管一開始看起來好像是我們主動要求神向我們展現祂的存在，然而真實的情況是，神才是那個持續不斷敲著我們心門的人啊！當我們對祂的存在不予理會——甚至就這樣過了好多好多年以後，我們都不曾再想起祂——祂仍然站在門外，敲著門，等待著。事實是，當我們會變得渴望去了解祂，想要去尋找祂（甚至是當我們對祂還存有重大的質疑時），很可能只是因為祂正站在門外，默默地堅持著，請求進入。

最令人驚奇的是，我們真的沒必要多做什麼，就可以讓祂進來。我們沒必要讀完所有贊成或反對祂的論據；我們不需要用有關死亡或來生的問題來困擾自己；我們不需要要求一個奇蹟的幻象展示在我們眼前；我們不需要請教任何專家；鑽研一大堆艱澀難懂的書；或做民意調查。我們所需要做的，僅是以向祂祈禱的形式，提出一個簡單的問題。就像畫作中村舍的主人一樣，當我們在黑暗的夜晚這麼說：「誰在那兒？……有人在嗎？」我們不需要等待很久，就能得到祂的回應。只要真誠而謙卑地問這個問題，我們其實已為神開啟了這扇門，祂將不會再站在暴風雨之中。祂將穿過大門，走進你的心中。

而當它發生時，**我可以向你保證，你的生活將會與過去完全不同！**

第二章

神啊，請祢讓我為人所用

幫助他人對我有什麼好處？

你知道怎麼樣的祈禱能夠最快得到神的回覆嗎？什麼樣的祈禱，神永遠都會答應你？什麼樣的祈禱，祂總會帶著喜悅而答應，並不會感到大驚小怪或帶有附加條件？這絕對會是最古老的祈禱——幾乎和基督宗教的本身一樣古老——而且可以透過許多不同的方式來表達。

乍看之下，它似乎並不讓人感到刺激；它看起來似乎是個不帶有任何利益或祝福的承諾。但我要告訴你：這是一個有效的祈禱。事實上，我所提到的這個祈禱是如此具有影響力：假如它被放在超級市場販售，它身上必定要貼一張警示標籤：「除非你已有心理準備它會有立竿見影之效，否則別做這種祈禱！」

為什麼這種祈禱能產生這種立即又快速的、來自神的回應呢？基本上，它只是一個簡單的請求：「神啊！請祢讓我為人所用，使我帶著祢的慈悲，肩負重責大任。」換言之，就是：「請讓我幫助需要幫助的人吧！」當我說神將會快速地回應這種請求時，我並非誇大其詞。事實上，在關於信仰的章節之後，已詳述了其中的一個原因；而我們現在正要討論的，是當神帶著這種速度、一致性和可靠度來答覆這個請求時，這個回答足以當成神的存在證明。

相信我，假如你真誠地向神說：「請祢讓我為人所用。」你會立即得到一個答覆；然後，你會發現你很難再對全能的神的存在有半點質疑。當這八個字從你嘴裡脫口而出，在幾秒鐘、幾小時、幾天或幾週之內（肯定不會超過兩週），你會很快得到解答。而且，每當你多請求一次，你對神的存在所遺留的任何質疑，將會很快消除。

記住我的話，當你向神這麼請求，那些需要幫助的人將會出現在你的門階前，他或者她會很失意、處於水深火熱之中。感情上、心理上、身體上、經濟上，舉凡你所能想到的糟糕情況——他們會面臨著某種嚴重的問題。這個人可能是一個朋友、一個敵人、一個家庭成員或一個完全陌生的人。他們的處境很慘，而你，將會成為這個世界上唯一可以幫助他們的人。

為什麼這個請求這麼快就生效了？我所能想到的原因是多方面的。實際上，據我所知，只有少數的請求，能和眾多的論心靈法則有所銜接。

首先，了解神從創世紀以來一直使用的「工具」是很重要的。這對神來說，一點也不新奇。事實上，神的整個救贖計畫，就是要透過**我們**來拯救**我們自己**——透過像你和我一樣的人們。這就是為什麼神沒有在一天當中的分分秒秒為我們展現神蹟，反而要我們自己讓這些事情發生、並藉此讓我們參與日常事務的原因；這就是為什麼祂不會憑空創造人類，而是讓我們透過生產過程，自己扮演這個偉大的角色的原因；這也是為什麼數百年來，當神要傳達重要的訊息給我們時，祂並不是簡單地從天上大聲咆嘯祂的命令，而寧可任用先知、列王與士師為使臣來傳遞祂的話語；這也是為什麼當神決定要拯救世人時，祂選擇透過祂唯一的兒子——耶穌基督——一個全然的神和全然的人來幫助我們的原因。祂其實可以選擇採用眾多方式，但祂希望我們能被一個像我們一樣的人所拯救。

所以，當我們向神請求能夠為人所用的時候，我們其實是採用神經常使用的一種「模式」。我們基本上是在「模仿」神；那麼，祂當然會答應我們的請求。

第二個神會答應的原因，在於這個請求關係到祂偉大的指令——「要愛你的近人」。

時至今日，「愛」這個字經常被濫用。大多數人將它視為一個愚蠢的老生常談，他們認為愛不過是一種溫暖和感傷的混合物。這不只是一種對愛的錯誤認知，也是一種相當不成熟的想法。它根本不能為廣無邊際而強大的愛的經驗伸張正義。它或許可以拿來當作一部絕佳愛情電影或引人入勝的流行音樂曲調的素材，但它必定不能貼近現實生活或符合《聖經》。《聖經》中很明顯地充滿了死亡、義憤和苦難，而愛絕不僅只於美好和傷感的感覺而已。

然而，當然還有另一種看待愛的方式——那就是神看待它的方式。

愛只有一種意義——無私地犧牲。為別人做一些事情——即使我們並不想這麼做，即使我們身上的每一根毛髮都告訴我們不要這麼做——但這就是愛的真實釋義。難怪耶穌會說，最偉大的愛，就是為一個朋友犧牲自己的生命。這一切都歸結於，將自己的私欲暫擱一旁吧。

耶穌用祂的受難記為我們上了最完美的一課。在祂死前的那個夜晚，祂對祂的宗徒（使徒）們說：「這是我的身體，為你們而捨棄的。」（瑪竇／馬太 26:26）祂並沒有使盡全力去保護祂的身體。相反地，祂相當樂於為我們犧牲捨命。說完了這些話，祂言行一致，躺了下來，用祂的生命赦免了我們所有人的罪行，使我們得以進入天堂，享受永恆的喜樂。這就是為什麼最棒、最真實的愛之象徵，不是心、不是結婚戒指，也不是愛神邱比特的箭，而是十字架。

《聖經》上有一句名言，若你並非真正由這個觀點了解「愛的真諦」，你便很難解讀它。在〈瑪竇／馬太福音〉中，耶穌告訴了祂的一群門徒：「因為那裡有兩個或三個人，因我的名字聚在一起，我就在他們中間。」祂這麼說，可能意味著什麼？為什麼祂說「兩個或三個人」，而不是只有一個人呢？難道神不能只在一個人面前現身嗎？祂不能只與你或我同在嗎？難道一定要有一群人圍繞著祂，祂才願意「出現」嗎？

答案是：「當然不是。」即使那裡**一個人也沒有**，神仍然存在。不過這並不是耶穌想要告訴我們的，耶穌創造了一個獨特的神學觀點，祂在教導我們愛的真諦。當「兩個或三個人」在某個特定的時間點和某個特定的地點同聚在一起，那很可能是為了讓人們為愛犧牲奉獻。換言之，祂的用意可能是為了讓人們學著「去愛他的近人」。而當你學會愛你周遭的人時，神即會既真實而全然地與你同在。

你開始了解為什麼這樣的請求總是有效了嗎？因為它關係到了神存在的本質，那就是愛。如果我們向神祈禱，請求祂能讓我們為人所用時，我們其實是請求自己能變成像神一樣的人；我們其實是請求神透過我們做某些事情，實際地走入我們的生活之中。那麼神為何會拒絕我們，來牴觸祂的存在證明呢？這不正是他所要求的——事實上是命令——我們去做的事情嗎？

從《聖經》書頁中，我們得以看見真理被充分地呈現。每當《聖經》中的人物擁有與神接觸的強大經驗時，他或她的第一反應往往是，走出去，幫助他人。舉瑪利亞的故事為例子：天使嘉俾厄爾（加百列）到納匝肋（拿撒勒）來探望瑪利亞，告訴她神將要選擇她，做為神唯一的兒子的母親；天使還告訴瑪利亞，她的表妹依撒伯爾（以利沙伯）將會生下一個嬰兒，這個嬰兒長大後會成為洗者若翰（施洗約翰）。

在世界歷史上，沒有一個人能像瑪利亞當時那樣，如此深刻地與神相遇。四福音書中說，聖神（聖靈）其實是庇護著她的，而耶穌基督——三位一體中的第二人——在她的子宮內孕育。

然而，這次的經驗之後，瑪利亞做了什麼呢？她是否開始去進行她的心靈淨修呢？她是否將自己鎖在房間裡冥想呢？她是否試圖重新評估她與神的關係呢？假如她做了，這些所有的行動，都是完全可以被理解的。畢竟，這件令人難以置信的事情發生了，而這個世界上，不會再有一個人擁有比她和神更親密的結合經驗了。這個經驗將徹底地改變瑪利亞的一生，而她也知道這一點。假如她花了好幾個星期的時間仔細地思考這些事、熱烈地禱告和企圖了解發生在她身上的奧秘，那也是情有可原的。

但是她沒有，她一件事也沒有做。相反地，瑪利亞立刻離開納匝肋，並緊急奔往她的表姐身邊，想要幫助她。她在她的表姊身旁住了三個月，直到依撒伯爾的嬰兒誕生。閱讀四福音書的敘述，看來瑪利亞似乎更加重視天使告訴她關於依撒伯爾的事，更勝過她自己的事。在這裡，我們擁有了「服事（Service）」的完美典範，而這個典範，來自於每一個與神真實的不期而遇。每當我們遇見神——也就是愛——我們將會得到啟發，而去做那些愛所驅使我們去做的事，換句話說，為那些需要幫助的人犧牲奉獻。

那麼，如果要說祈禱是什麼，它是與神的邂逅。對我們而言，它可能不如瑪利亞所經歷的那樣強烈、親密而直接，但它仍是與全能的神的一種結合形式。因此，當我們嘗試真誠地祈禱，神將會引領我們無以避免地去幫助他人。總有一天，向神祈禱的這個行為，將使你願意去愛你周遭的人。而這將導因於你所想得到的每一個祈禱，不只是這本書中所提到的祈禱。這個祈禱特別容易實現的原因是，當你對神說：「請祢讓我為人所用。」你正是明確地向神請求讓你為某事犧牲奉獻。因此，祂不但會答應你的請求，而且祂也將會加速這個過程。

但是，還有更多。這個祈禱也關係到一個最偉大的神祕世界——人類所遭遇的苦難。

苦難是生命中的一個事實，也是很慘的一件事。不幸的是，它擁有一百萬種不同的形狀和大小。它可以是像被蚊子叮一樣討人厭，也可以是像失去一個孩子一樣可悲。當我們還是個躺在嬰兒床中的嬰孩時，我們便已經歷了第一次的苦難：因為感到飢餓和孤單而嚎啕哭泣。對於我們當中的多數人來說，直到衰老我們的苦難仍然沒有結束；那時我們的身體已乾枯用盡，再次面臨孤單——而這次是躺在棺木之中。苦難可以是灼人、枯竭、痛苦、衰弱、虛弱、疲憊而殘酷的；而最令人悲傷的是，它是難以避免的。

作為信徒，我們被教導當神創造我們時，祂並沒有企圖要使人類承受苦難。我們的祖先做了一些可怕的背叛情事，為我們招致了一切惡果。但我們也被教導，我們所受的苦難不會永遠持續下去。神以耶穌基督的形象出現，目的是為了彌補亞當所犯的罪行，也因為祂在十字架上的救贖行動，祂已為我們開啟了進入天堂的大門。因此，雖然我們仍必須經歷人世間的痛苦、折磨和死亡，我們還是可以期許自已有一天將會升天，以我們的身體，與我們的家人和朋友們一起，長久居住於天堂之中。

這就是基督宗教所教導的。很不幸地，這是一個非常**困難**的教誨。不論它可能有多麼真實，它不一定總能讓我們感覺比較好，特別是當我們站在一個沉鬱的殯儀館前，凝視著我們深愛之人躺在棺木中的時候。而這也將使我們再一次想起我們的祈禱。

這個世界有這麼多的苦難——神真的忙得不可開交。這並非說祂無法自己掌控一切，祂可以。只是，如果我們能試著讓自己更貼近神，那該有多好！當我們願意幫助需要幫助的人，我們不只是減少世上所聚集的苦難，同時也是幫助我們成為神希望我們成為的那種人——藉由「像神一樣地愛人」。透過結合這兩種行為，我們最終所做的事就是「幫助神」將美善從醜惡之中拉出來——這也是祂准允將苦難擺在首位的主要原因之一。這也是為什麼當我們告訴神，我們願意承擔他人的難題時，神絕對會很樂意地接受的原因。實際上來說，它和神學的原因一樣，祂將會很開心地把祂肩負的龐大重擔與我們分擔。

我們的問題在於，當我們做出這個請求時，如何使神能夠精準地回應我們呢？而這個答案是——有一億種不同的方法。你所需要做的，是想一想你所知道的，所有現在正在承受苦難的人。就在這一刻，這些人們正在哭泣，因為他們所深愛的人，上個星期過世了；這些人們正承受著驚恐，因為他們剛剛收到消息，X光片上顯示他們的肝臟和肺部上有一個「斑塊」；這些人們正沮喪地絞動手指，因為他們的孩子沉迷於毒品；這些人們正束手無策，因為他們再也無法承受支付帳單的壓力；這些人們正哭著入睡，因為他們已經厭倦了孤單，沒有一個人能照他們想要被愛或值得被愛的方式去愛他們；這些人們正患有可怕的憂鬱症，或者正在心靈、情感和身體的苦難上，承受著酷刑。

當你對神說：「請祢讓我為人所用吧！」神所能做的就是將這些人引導至你的面前。祂並不需要展示任何偉大的神蹟；祂並不需要分開紅海；祂並不需要派遣任何的天使。祂只需要引導他們來到你的面前。就好像火車站的列車長，為了控制軌道開關他會拉桿一樣。神只是在天堂拉桿，一整列車名副其實的受苦受難的人們就會自動改變方向，走到你的面前！

然後，這一切將取決於你，你必須找出最好的方法來幫助他們。這方法可能和提供忠告或借給他們一些錢一樣容易，也可能和捐出一顆腎臟或者將他們從大火中搶救出來一樣困難。不過，無論你必須做些什麼，可以確定的是，你將會應付自如。假如神派你去幫助別人，祂也會給你時間、資源以及所需的資金。祂不會答覆一個超乎尋常的自私請求，並且不再管你。永遠不要擔心你欠缺能力、財務狀況不夠牢靠，或可能妨礙你擔任這項憐憫任務的任何問題。不論你的私人狀況為何，當幫助他人的時刻到臨，你將會得到所有的智慧和成功的必要條件，而你也將不再感到困惑不堪。

這跟你的年齡幾歲或者你的身體狀況為何沒有半點關係。你可以是躺在醫院病床上、氣若游絲的病患，而神仍然會派給你一些需要幫助的人。她可能是在一旁照料你的護士、他可能是隔壁病床的病人、他可能是你的訪客之一。你不一定要用言語來幫助他們，透過你這個沉默的例子，可能會讓他們得到更多省思；或者，你也能為他們祈禱；誰知道呢？儘管如此，你仍然可以肯定一點：那些被神選擇而派來醫院病床前的這些人，將會因為遇見了你，而變成一個更好或更快樂的人。

當然，如果你既年輕又健康，那麼神派遣給你的人則不在此限。事實上，神可能會給你一或兩個人讓你提供協助，也可能給你一整個事業讓你忙碌其中。畢竟，這個世界上有數以百萬計的人，他們權益受到了損害；在我們自己的國家之中，人類的生命尊嚴受到了激烈的抨擊。為了回應這些請求，你可能會成為這些偉大事業之中的一員，因為神要求你投身其中。他可能會給予你一個難以置信的職務，而那是你想都不曾想過的。

當然，你也必須要小心。不論這個事業有多麼偉大，更重要的是，你不能忽略到你生活中的其他職責。有些人因為深陷於這些慈善事業中，而忽略掉他們對配偶、小孩和工作的責任。完成神所賦予你的任務，和家庭相比，請仍以家庭至上。但除此之外，無庸置疑地，提出這種請求將會從**根本**改變你的生活。

這將引領我們到最後的一個問題上——一個聽起來有點褻瀆神明的問題，但是這個問題可能存在一些讀者心中。既然這種請求這麼有效，也將對你的生活有某些影響，那麼，**為什麼人們還不願意向神提出這種請求呢？**

我的意思是，為什麼我們要為自己找更多的麻煩？難道我們有的麻煩還不夠多嗎？為什麼當我們的生活中已有這麼多瑣事需要處理，我們還要請求神讓我們為人所用，以減緩他人的苦難呢？畢竟，我們沒必要為自己找麻煩，那似乎沒有任何意義啊。

而這就是重點。

福音書說：「愛惜自己性命的，必要喪失性命。」（若望／約翰 12:24-25）這句自相矛盾的話，包含了通往我們幸福之道的鑰匙——此生和未來的世界。提出這個請求，將會讓你變成一個比現在還要更快樂的人。幸福，是神想送給你的，作為你無私回報的禮物。

事實上，當你擁有越多的難題，你提出這個請求的理由就越充分。這樣的信念和信心，惟有透過請求神賦予你更多的難題才能產生。即使這個難題是別人的——神也會感到很高興，你一定聽過此一說：「以其人之道，還治其人之身」，就是在談這個。這是迎接生命挑戰的一種積極而大膽的方式，這種方式，將使你受到神的賞識與肯定。

這只是基本的心理學。當我們因著某事而受到傷害，最好的療癒方法其實是**由外向內**看自己。當我們所有的注意力被向內導引——引向我們內在的小小世界——我們經常會變得膠滯不前，有時還會達到一種不健康的地步。幫助別人，不但會分散我們的注意力，也會幫助我們了解我們並不是這個世界上唯一正在受苦受難的人——相對說來，至少我們所遭遇的問題並不是最糟糕的。我們也能透過幫助他人，建造一個積極的人生前景。

當然，幫助別人也有許多精神上的理由。我們剛才已經討論到，當我們為周遭的人效勞時，我們其實就是**與神同在**。那麼，「與神同在」將會產生一些必然的結果。路易斯曾說：「人類就像專門設計和打造的汽車，需要依靠一種特殊類型的

『燃料』——也就是神，才能運行。」如果我們長期不為自己添加燃料，發生在汽車上的事也同樣會發生在我們身上：我們會開始變得舉步維艱，最後，我們將會拋錨。若想長久運行而不加油、還想在人生中不遭遇任何方面的困境，這根本是不可能的事！然而「與神同在」卻會有相反的效果——我們會**跑**得更順暢、更快！我們將會變得更強壯、更健康也更有力量。向神提出這個請求，就等於為我們自己加滿一整缸的高辛烷值汽油。我們將會重新散發活力與朝氣，我們將會感覺**棒呆了**！

事實上，我們不只會經歷更真實的快樂，我們也將擁有深刻的充實和滿足感。當你養成了做這個祈禱的習慣後，你將不再沉悶地過完一天，覺得今天是種「浪費」。只要你盡可能地幫助神想要你幫助的人，你將會知道，你正在實踐生命中相當重要的一件事。此外，神是美善的，祂會使你為善不欲人知。然而，在不同的時期，祂會使你看見努力的成果。祂將會透露，你幫助了他人的生活，會為別人帶來怎樣神奇的效果。而最後，你從中得到的，將會遠遠大於你人生中的**任何**成就。

而這些好處也不僅於此。因為當我們請求神讓我們為人所用，以解決他人的難題時，神也開始幫助我們解決**我們**的難題。我並不是在暗示這是一種條件交換，就像「神啊！假如祢幫我抓背，那麼我也願意幫助祢」，我只是想告訴你，幫助別人的必然結果是，我們會把我們得到的好處與他人分享——有時候，其偉大的程度遠勝過我們所幫助的人們。假如你做完這個請求之後，你的煩惱不翼而飛了，請不要感到驚訝；假如你得到了一些天使的援助，替你解決了帳單的問題、你婚姻上所遭遇的難關和工作上面臨到的考驗，請不要感到驚訝；當你影響了周遭的人們，使他們開始想要幫助你時，請不要感到驚訝。就許多層面來說，它是「一報還一報」的正面印證。

你看，假如神願意讓你為人所用，他也將開始塑造和改變你，使你成為一個最具有潛力的人才。此事千真萬確！神經常派遣那些有缺陷的、罪孽深重的人來協助祂完成心願，但祂卻不會讓那些人處於那種負面情況中太久，因為一個人如果總是受到焦慮、金錢和感情的支配，他就無法有效地發揮他的才能來為人所用。因此，如果你展現十足的誠意，並且願意為神完成不朽的任務——減輕祂人的痛苦，神將會在你身上開始「作用」。想想看，一個作家在寫作前會先做什麼事呢？他會削鉛筆！然後呢，神就是宇宙的作者，祂並不會耗費長時間，用一支削不尖的鈍筆來寫作，所以祂會先「磨練」你。

結果是，你的生活將會變得更好，而你會為了變得更好而做出改變。不論你喜歡與否，你將在各個領域中得到改善。為了得到神的恩典，你必須在恩典中自我改變。你可能不會馬上得到神的恩典所帶來的種種好處，但最後你還是會得到的，幾乎像是註定了的命運一般——你將會獲得這一切。

它們會是什麼呢？嗯，首先是和平、智慧、愛、自由、良好的判斷力、陪伴、勇氣、刺激感和冒險——而所有的一切，都將在本書中談到。請求神讓你為人所用，其實與要求祂為你提供一條圓滿實踐的捷徑，意思相同。

想一想，做出這樣一個祈禱所能得到的，實在是太多了！

第三章
神啊，請讓我見識祢的慷慨

神究竟想要告訴我什麼？

當我還是一個小男孩的時候，我的母親經常對我說：「如果你將心愛的東西送給別人，神一定會還給你兩份做為回報。」

於是，從那時開始，我學到了關於神和靈性的許多事。我也讀了很多偉大的神學家的作品——我仔細研讀了奧古斯丁（Augustine）、阿奎那（Aquinas）、路德（Luther）、喀爾文（Calvin）和紐曼（Newman）；我也和當時學識淵博的宗教領袖碰面；拜訪了《聖經》上提到的許多聖地；花了很多時間研讀文本、思考許多問題，透過《聖經》上的疑惑做了許多發想。你知道我發現了什麼嗎？我的母親和歷史上任一位神學家一樣正確而睿智——當我們談論到神和物質上的祝福時，祂很願意賜予這些給我們！

那麼，當我們談到真正的精神真理時，是不是也是如此呢？神想要賜予每一個人幸福和美善，祂想和每一個人做朋友，祂希望每一個人都能進入天堂——並非只有學者們。因此，當祂有話想對我們說時，祂不會使用只有神學家和哲學家才能了解的語言，祂所傳達的訊息和話語都是極為通俗的。這不代表我們不需要祂的教堂做為指引，我們必然需要它，而且非常需要！只是，我們不需要總是藉助學者們或者《聖經》專家為我們背書，並為我們解讀神想告訴我們的話。

透過聖經裡耶穌基督的言論中，我們能夠看得更加清楚。當我們閱讀《聖經》時，我們知道，耶穌只是透過幾句簡單的談話，就能夠和廣泛的大眾溝通了。舉例來說，要找到許多學術書籍來解釋以下這段話是相當容易的：「你們先該尋求天主的國和它的義德，這一切自會加給你們。」（瑪竇／馬太6:33）但是在此同時，即使是那些未曾受過教育的人、不識字的文盲和不諳世故的凡夫俗子，就算他們是第一次聽到這句話，也能了解它真正的涵義。

我知道我這麼說，神學家聽了一定很惱火！然而，這是千真萬確的！當然，我無意詆毀任何神學研究。神所給予的方式是如此之多，而那又是如此地與我們不盡相同；我們的腦袋能理解的事物很少，而神的智慧又是如此深不可測；即使神用祂最簡單、最清晰的說明，其中必也蘊含了許多深意，需要我們耗費一輩子的時間去研讀它。《聖經》中的某些說法也是一樣，看起來如此模稜兩可，又如此容易誤讀。我們必得更加謹慎小心，才能悟出它的真意。這其中的基本道理可能是不言而喻的，但他們也很容易遭到誤會和曲解，特別是當你有心斷章取義的時候。在某些不幸的情況下，這些文字很可能遭到不肖份子惡意地曲解，他們不願意提供一點關注來推動四福音書，他們只以自己的利益為基本考量。

這也正是我們將在接下來的幾頁裡討論的：「**神啊，請讓我見識祢的慷慨！**」

在宗教的世界裡，關於物質上的祝福，人們總是存有許多疑惑。你可能會認為，人們有時會陷入兩個等量卻又對立的精神謬誤之中：一種是將金錢和財富視為糟糕、甚至是邪惡的事，這是一種「貧困等同福音」的心態，根據其原理，那些聚集財富的人，其實是跟隨著魔鬼的意志走向死亡和毀滅之道。堅守這個信條的人們相信，神一點都不喜歡有錢人，而金錢則是《聖經》所深惡痛絕的。因此他們會想，除了少數例外的案例之外，在高檔餐廳吃飯、購買昂貴的珠寶、參加浮華的饗宴、穿漂亮的衣服或沉迷於任何奢侈的活動，都是令人皺眉的。

於是，另一派人士則持反對意見——「成功繁榮才是福音」。闡述這套理論的，都是你可隨時在電視上看見的，強調「求而必得」的傳道者。你知道我指的是誰——那些穿戴著勞力士（Rolex）運動手錶、亞曼尼（Armani）領帶、華麗的袖扣、甚至臉上還掛著俗豔微笑的人。根據這些人的說法，擁有很多錢的確是一件相當美妙的事，如果有人不這麼認為，那他一定是誤讀了《聖經》。他們聲稱：金錢不過只是神的諸多祝福之一，而神會大方地賜給任何接近祂的人。神疼愛有錢人，並且希望**每一個人**都能成為百萬富翁。事實上，想要積聚大量的財富，你真正需要做的就是擺脫你的罪惡、認真地向神禱告，然後，當你得到了財富時，「你應該盡你所能，做出最大的捐贈。」

這兩種觀點都不夠準確。為了排除異己，他們都強調了各種聖經真理，但也因此忽略了整個故事的完整性。究竟《聖經》是如何看待金錢？而兩千年來，基督宗教的神學又是如何教導我們的呢？

首先，只要是曾約略翻閱聖經的人都知道，神對待有錢人非常嚴苛。礙於篇幅有限，這裡不羅列所有相關的經文做為金錢陷阱的警告——但真的要列出來的話也有幾十個。每個人都聽過這些說法：「駱駝穿過針孔，比富人進天國還容易！」（瑪竇／馬太 19:24）、「貪愛錢財乃萬惡的根源。」（弟茂德前書／提摩太前書 6:10）、「不要在地上為自己積蓄財寶，因為在地上有蟲蛀，有銹蝕，在地上也有賊挖洞偷竊；但該在天上為自己積蓄財寶，因為那裡沒有蟲蛀，沒有銹蝕，那裡也沒有賊挖洞偷竊。」（瑪竇／馬太 6:19-20）

《聖經》中像這樣的例子層出不窮。這些例子對於深信神的人有某種程度的嚇阻作用，同時，卻也承諾他們能變得富有。然而，我們必須首要注意的事情之一，就是這些《聖經》警示並沒有一個是在批評金錢本身的。沒有一個個案是在說明，以任何方式擁有或囤積金錢，是有罪的。

既然如此，為什麼金錢是危險的呢？因為金錢可以將一個人和神分隔開來，而這是生命中其他事情所辦不到的。金錢可以給我們一種所向無敵的感覺。它給了我們似乎擁有全世界的感覺，我們強烈地需要快樂和滿足，因此我們不再需要倚靠任何人——甚至也包含了全能的神。這種看待金錢的態度養成了一種精神上的自滿，這是極端危險的，因為它很明顯是大錯特錯！不論我們多麼富有，財富也可能在一夕之間化為烏有。我記得有次擔任某個朋友在羅馬一個華麗酒店的座上賓，我分配到的套房真是富麗堂皇，四處都是大理石和鏡子，抬眼一看是鍍金的天花板，和一個可以俯瞰梵諦岡的陽台。唯一美中不足的是，我在抵達的第一天染上了流行性感冒，花了三天的時間承受病魔的折磨。我還記得那時我的臉朝下，躺在冰冷的大理石地板上，我眼目所見是牆壁上漂亮的畫作和裝滿了鮮花的骨董花瓶，我不禁對自己呻吟：「我怎麼會這麼慘！」我住在皇宮裡——這是一個真正的皇宮啊！——為什麼我竟然不能享受它？就只因為一隻小小的病蟲！

而這不過只是小小的病痛，並不能跟許多每天從醫師那裡接收死亡宣判：「癌症末期、肺氣腫末期和心臟病末期」的人們相提並論。事實上，我們的生活無時無刻不籠罩在「絞刑架的陰影」的壓力之下。你是否聽過這種說法：「相同的一個神，祂允諾了你白天，但不保證能給你晚上。」這句話真是再真實不過了！為何那些人不依賴神的協助？因為他們能支付得起一個房屋清潔工、管家、和一個和他們生命賭博的私人教練——因為他們只是醫生的訪客，悲劇與他們全然無關。當壞消息傳來時（當這件事跟每個人都有關係時），他們不知該向誰求救。

金錢所賦予我們的地位，也可能為我們招致很多麻煩。因為住在一棟高級豪宅裡，開著漂亮的車子，度過悠閒的假期，我們很容易認為自己與眾不同——認為自己確實地「優於」其他人，但是我們卻忘記，這是一種和撒旦非常相似的精神驕傲，而這種驕傲，使得撒旦被逐出了天堂！更陰險的是，它很容易使我們陷入一種自欺欺人的漩渦之中，使我們認為自己並不驕傲。我們經常為了證明我們自己的優越感，而說我們比另一個人更「成功」、更「睿智」、更「才華洋溢」、或我們擁有更多的「商業頭腦」。以上的這些事可能都是真的，但是，我們太常打從心底認為我們比其他人**更棒**、**更好**，這是一種非常危險的看待事物的方式，因為我必須再次這麼說，它很顯然大錯特錯！那些我們每天下班回家時在路上看到的無家可歸的癮君子，很可能在我們辦到之前就能成功地上天堂。在天堂，他確實也有可能擁有比我們更高尚也更輝煌的宮殿。「比較棒、比較好」這個語詞，當我們在展現自己時必得相當地小心。看待這個問題，神可能會有一種全然不同的意見。

最後，有錢可以為我們創造無限改變的可能性——改變貧窮人所不能擁有的。其中有一些改變是好的，例如：擁有可以決定要住哪裡、上哪兒度假、以及送你的小孩去哪間學校讀書的能力；而其中也有一些改變是壞的，例如：擁有足夠的金錢，沉迷於任何我們不想要被抓到（或逮到）的骯髒色情。不過，無論它是積極的還是消極的，這些改變都將給予我們力量來填補我們的生活，為我們留下一些寶貴的時間向神祈禱和崇拜神。這世上有多少富有的老男人，花了他們生命中好幾十年的時間，累積漂亮的玩具——無論是房子、車子，電子產品，或是夏日的別墅，他們的生活越來越愉悅，卻絲毫不曾想到神，對他來說，到底什麼才是重要的呢？然後，當有一天，他們的生命走到盡頭，突然明瞭生命不過只是他們所收集的閃亮飾品時，早就為時已晚。問題不在於他們不能在最後一刻回頭看看神——他們當然可以——但是他們已經浪費了太多的時間。

所以沒錯，因為這許多和更多的原因，金錢在我們心中，可以是膜拜的偶像，也可以是神的替換品。因此它可以是極度危險的。對於某些人來說，特別是那些沉迷於地位、容易驕矜自滿、或容易受誘惑而賣淫的人——就精神層面來說，變得有錢，可能會是發生在他們身上最糟糕的事。

然而，我們絕不能草率行事，也不能只因為財富背後可能潛藏的危險，就輕易地對富者做出判決。否則這不只對他們不公平，對神也不公平，因為神是一開始就創造財富的人啊！事實上，我們不需要看很遠，就能找到《聖經》中對金錢的辯護。事實上，相當虔誠的基督徒，經常在四福音書中處處碰到使他們摔跤的絆腳石，而深深咒罵起有錢人來。在《聖經》歷史的高潮中，我們遇見了一個大財主，而他的例子則實際地將「貧困等同福音」心態輕巧地翻轉了一個新的面向。

這個有錢的男人，就是財主聖若瑟．阿黎瑪特雅（亞利馬太的約瑟）。他是耶穌的弟子，也是非常卓越和富有的工會成員，他反對他們想殺死耶穌的決定。

耶穌受難後，若瑟也是唯一一個有勇氣去見比拉多（彼拉多），要求留下耶穌遺體的人。當他獲得了允許，他將耶穌從十字架上取下，以細亞麻布包裹耶穌的屍體，並將祂埋葬在他最近購買的新墳中。當然，我們都知道後來發生了什麼事——耶穌在復活節那天復活，祂在數百人面前現身，最後緩緩升上天堂。問題是，在這整個拯救世界的故事中，若瑟所扮演的角色不容小覷。神很清楚地知道，這個富有的男人將因為他的光榮義舉，而為世人銘記在心。在這段歷史性的重要時刻中，神究竟想說些什麼呢？——難道是將祂過世的兒子委交給這個有錢男人之手嗎？畢竟，假如神只愛著窮人，也只想讚揚他們，祂為什麼不將這個偉大的特權賜給一個身無分文的人呢？

道理很簡單，神疼愛財主若瑟，因為，身為一個有錢人，他是唯一一個最適宜這個職務的人。除了富有的人以外，沒有一個人可以這麼迅速地接近羅馬總督；除了富有的人以外，沒有一個人可以這麼容易說服總督交出耶穌的身體；除了富有的人以外，沒有一個人可以支付一個大墳墓的費用，並將耶穌的身軀埋葬進去。換言之，除了富有、成功而具有商業頭腦的人以外，沒有一個人，可以顧及所有有關耶穌的死亡和埋葬的細節，而且如此有效地埋葬耶穌，使祂得到這麼多的「尊嚴」。

問題的關鍵是，金錢並不一定總是不好的。它不一定是一個人遭到非難的原因。事實上，它也並沒有將人與全能的神分開。相反地，金錢可以是好的——非常棒的。它可以是一種實現聖潔和為神帶來更多榮耀的一種方法，而這也是理解神和富有者的關係的一把鑰匙：它是**有前提**的。它是有條件限制的：「只有當你將金錢視為神給你的祝福時，金錢對你而言才會是一種福氣；只有當你用錢慷慨時，金錢才會有益於你的心靈與精神。」

假使你能抱持著這種態度，那麼，金錢可以是一份很棒的禮物——不論在物質上或是精神上。它可以給你自由和力量，使你可以做許多事情，推動神在地球上的王國；它可以使你體驗許許多多的人生樂趣；它可以幫助你逃離許多焦慮——那些逐漸削弱你的力量和精神的焦慮感。而且沒錯，它可以改善你的生活品質，並提升到一個顯著的程度，並且讓你在地球上生活的這段短暫時光裡，感到更加愉悅和滿足。而想去否認這一切，只會變得很可笑。

然而，假使你看待金錢的態度不夠虔誠，那就要注意囉！你或許可能在生活中累積財富，但你卻會一步一步地在墳墓中承受嚴重的精神危害。你必須明白這一點：無論你囤積了幾百萬的財富，無論你所住的大廈有多麼寬敞，無論你擁有多麼強大的權力，假如你並沒有用正當的方式使用金錢——以一種神希望你使用的方式——最終，金錢對你而言，將會變成一個詛咒。事實上，你越是擁有更多的錢，並且越是採取了錯誤的方式使用它，你將為自己招致更多無可避免的罪惡。所有的《聖經》警示說得真是太懇切了！

這將帶我們回到這個請求：「神啊，請讓我見識祢的慷慨！」

假如你能在本章中領悟一些什麼，請記得這一點：在慷慨與賜福之間，有種來自神的神聖關係。當談到賜予的祝福時，神往往會要求我們做得比原本該做的還要多；當談到慷慨，神絕不會只是同意讓你舉白旗投降。

事實上，這是神的一個很重要的原則，我們被允許「測試」祂。沒錯——**測試**神。如同我們所知，神總是警告我們**不可以**考驗祂，在本書中也提過，假如我們僅只是向神這樣請求，然後看看神是否會出現，這些請求都會自動失效。但是，只有這裡除外。

《聖經》中曾有這樣一個案例，神真的要求人們來考驗祂。在《聖經》中的一個章節，神說了這麼一句話：「你們就在這事上試試我罷！」在〈瑪拉基亞先知書／瑪拉基書〉中曾提到，神請求以色列人給予祂眾人所得的十分之一。於是祂對眾人說：「你們就在這事上試試我罷！……看我是否給你們開啓天閘，將祝福傾注在你們身上，直到你們心滿意足。」

歷史上，神不曾有過這麼一刻，對人類做出這麼強而有力的保證；神也不曾在任何一個議題上，如此直接地用祂的承諾來授予獎勵。祂要求我們「要愛我們的敵人」，但祂不曾對世俗的報酬做出任何保證，並要求我們這麼做。祂告訴我們己所不欲，勿施於人的道理，但祂從未承諾以任何物質上的恩惠或獎勵做為我們善行的報酬。然而，當談論到慷慨這件事的時候，神——因為一些我們不十分清楚的理由——坦然迎接任何挑戰。事實上，透過《聖經》，每當神談論到付出的重要性時，我們總可以看見相似的獎勵保證。

- 「向窮人施捨，是借貸於上主；對他的功德，上主必要報答。」（箴言19:17）
- 「你們給，也就給你們；並且還要用好的，連按帶搖，以致外溢的升斗，倒在你們的懷裡。」（路加6:38）
- 「誰若只給這些小子中的一個，一杯涼水喝，因他是門徒，我實在告訴你們，他決失不了他的賞報。」（瑪竇／馬太10:42）
- 「眷顧貧窮人的人，真是有福，患難時日，他必蒙上主救助。上主必保護他，賜他生存，在世上蒙福……他呻吟床榻，上主給他支援，他患病時，必使他轉危為安。」（聖詠集／詩篇41:1-3）

施與受的定律就像萬有引力定律一樣，永恆不變。**它一定會作用！**假如你對他人慷慨，你**必將**得到神的恩賜。世界各地的人們都能提出印證這個事實的證詞——而說著這些證詞的人們，都曾經歷過經濟困境，卻又不知何故在面臨毀滅的最後一刻之前得以倖存；說著這些證詞的人，可能是某個突然得到高薪職務的失業男子；說著這些證詞的人，可能是被債務壓得喘不過氣來的婦女，卻意外地收到一封退稅的郵件；說著這些證詞的人，可能是一對年輕的夫婦，他們受到鼓舞想自己創業，卻瞬間獲得成功；說著這些證詞的人，或許已經是個成功人物；以及那些毫無職業技能的人，卻又不知何故突然成功地利用他們的小積蓄，一夕致富。

這些「幸運」的人們擁有什麼共同點嗎？他們究竟做了什麼，值得這些意外且不應得的財物降臨到他們身上呢？只因為：在某些時候，可能正好是他們遇到財務困境時——他們把手伸進口袋，幫助了那些比他們更不幸的人。不論是金錢上的援助、對客人的盛情款待、或其他種類的服務，他們犧牲奉獻——即使他們當時的能力差點無法負擔——然而，神會莊嚴地予以回報。

有一個最具代表性的故事：我所認識的一個小規模非營利組織的領導人，告訴我他的團隊是如何兢兢業業，努力支付他們的基本電費。有一次，他們積欠了十萬美元的債務，但銀行裡卻只剩下兩萬美元。那時他們的確需要有一個奇蹟發生，使他們能夠度過剩下來的一個月。而當我這個朋友束手無策時，他教會中的牧師告訴他，試圖用慷慨來看待改變，而不只是伸手向每個人乞討。於是，他建議該組織，捐獻一點點錢給窮苦的人。雖然他並不知道能從哪裡取得額外的資金，但他仍舊採用了這個消極的措施。他列了一張清單，上面列了十個狀況像他一樣糟的慈善機構，並各捐了兩百美元。他所送出的這個捐贈總金額為兩千美元。這已經足夠了，兩個禮拜過後，他不經意地在他的信箱中，收到某人的支票，這個人剛好在教堂後方的桌子上看到他們組織的內部通訊，於是捐了五萬美元給他們！自此之後，這個組織經常捐款給慈善機構，並大幅而穩定地成長。

為什麼會這樣呢？無神論者可能會嗤之以鼻，還會說這不過只是一個巧合。但這是事實，又一次說明了神絕對會讓你見識祂的慷慨。

這意思是不是說，假如你捐贈兩千元美金給慈善機構，在下個星期的郵件中，你將會自動得到五萬元美金？當然不是。在你躍躍欲試，並開始採取這種祈禱做為一種準投資策略之前，請讓我先澄清幾點。事實上我們剛剛才談到，在這次的討論中，盡可能操持最大的謹慎態度是相當重要的，因為有太多的觀點可能在此遭到曲解。案例分析：現在，在我的書桌前躺著一份所謂的基督宗教團體的廣告，寫著：只要你遵循他所提出的幾個簡單條規，它「保證」可以使你的淨收入提高「十倍」。而這所有的一切，只需要你藉著犧牲自我，「種植」一定數量的「金錢種子」而已。於是，透過向神祈求，你僅需要向神「索賠」十次。只要這筆「交易」在天上獲得許可，神會馬上將錢送還給你，而且是十倍！舉例來說，假如你捐五元，神會給你五十元；假如你捐五百塊，回報您的投資將會高達五千元，很簡單吧！

這個廣告聲稱，這個投資方法不過只是「播種和收穫之原理」的實踐，而且，假如你遵循所有推薦的步驟，你將會「開啟無限的財富之門」。它甚至還附帶了一個「三十天保證」（我可沒有企圖幫它講話），主張它絕對不涉及任何風險。廣告的底端，有一行粗體字，邀請大家捐一筆可減免課稅的款項到此基督宗教團體——大概是為了加速啟動你的投資吧，也是為了要向神證明你是認真的。當然，這個廣告洋洋灑灑地引用了許多聖經言論，並且多次提到耶穌基督。

你覺得神會怎麼看待這樣的「慷慨」？你認為用這樣的方法，神會願意幫助你嗎？白痴才看不出來這個金融「方案」跟我們剛才談論的祈禱內容是完全**對立**的！神，創造太陽、月亮和星星的全能造物者，一直都願意矮化自己擔任我們的證券經紀人啊！事實上，這整個計畫的構思看似組織良好且毫無風險，但它卻與神一直努力呈現的精神相背離。神想灌輸給我們的是一顆純潔的、犧牲奉獻的心。祂希望我們能夠不假思索地分享，提供金錢援助時不多計較，奉獻自己並且不計算得失。祂多麼希望我們能夠採用這種寬容的態度，祂甚至希望和我們舉辦一場有趣的比賽，看看誰願意付出得更多。實際上，它更準確地認為，向神請求是一種神允許我們和祂玩的一場遊戲——一種神聖的「取巧佔上風的伎倆」。乍看之下，神似乎允許我們「測試」祂，但事實上，祂是在試著（而且非常俏皮地）想**考驗我們**是否能像祂一樣寬容。當然，我無法提供你鐵一般的保證，神將會給你白花花的現金——而且越多越好。沒有人能這麼左右神。神可以自在地用祂喜歡的任何方式賜予你祝福，也包括跟金錢無關的方式；但事實是，許多時候，祂將會這麼做。

這一切都歸結到心態上——用神學術語來說，就是「純潔的意圖」（Purity of Intention）。討論到金錢和精神層面，你的意圖會決定神是否回應你的請求，或只是一笑置之。當然，神絕不會嘲笑一個誠心祈禱的人。但是這個世界上有太多的人不願付出真心，談到要付出的時候，他們只能假裝慷慨。在我們結束這一章節之前，我們可以簡單地研究一下這個現象，因為實際上，這很常見。

「假裝」慷慨可以用許多方式來呈現。第一種是最常用的，你是否聽說這個說法：當你施予他人時，不要讓你的左手知道你的右手正在做什麼？是的，總是有人違反神的指導方針，做到這種程度，使人高度懷疑他們是否真的慷慨。確實有許多慈善家，他們並不關心他們所幫助的人們，也不在乎是什麼驅使他們這麼做的，他們似乎只關心一件事——獲得回報。不管他們是那些只希望自己名字上報的好萊塢巨星、只想註銷稅務的公司主管，或者只想四處誇口自己善行的普通中產階級男女，他們只希望別人會認為他們是舉世無雙的大善人——他們沒有一個人用神希望的方式奉獻慷慨。我並不是說這些人都是壞的，或者他們的捐款毫無價值；我也不是說，當一個人捐出金錢後，他們自我感覺良好是錯誤的。將自己交給神，然後自然而然地得到神賜予的好處，這絕對是一種自然而健康的情感，因為神希望我們享受給予的過程。但幾乎沒有一個人能夠用全然純潔的意圖，做出良好的行動。我們的動機混雜了太多的雜質，而神也知道這一點。我的意思是，人們捐款的**主要**目的是為了幫助自己，這樣說並不是指他們想用任何方式來欺騙神，他們之所以付出或給予，僅僅是為了得到世俗的讚賞，而不是得到神的讚賞。因此，他們不該指望我們剛才所談論的祈禱能在他們身上發生一點作用。如同福音書中所說：「他們已獲得了他們的賞報。」

還有那些看似捐獻了很多金錢、但金額只是他們整體財富的九牛一毛的人，這個也一樣，對神來說也不具太大意義。這些人可能看起來、做起來和聽起來都相當慷慨，但實際上，他們很廉價！基本上他們所做的，僅只是「安全的」捐獻。而這種安全的捐獻雖然也值得讚揚，但卻不是神慣常賜福的對象。記得寡婦投小錢的故事嗎？這個故事的寓意是，在神的眼中，賺取微薄薪資（可能是最低工資）的人，每星期捐贈二十五塊美元，這遠比捐了一百萬元美金的有錢人奉獻得更多。慷慨是一個相對的概念，我們必須牢記在心。神不是根據我們捐贈的實際數字來評斷我們，而是根據這筆捐款數目中，我們投入了多少比例。其中的規則是，我們要拿**自己也很需要**的東西來施予，而不是拿我們**已擁有很多**的東西來施予。這意味著，有些時候，我們可能會因為奉獻金錢給別人而使自己受到損害；有些時候我們更寧願去保有這些東西；有些時候我們可能會為了一些正當的理由而害怕付出。就是在這些時候，神會密切地注視我們，看看我們將會怎麼做——看看我們是否擁有足夠的勇氣，相信祂，並做出正確的決定。而這就是神會賜福的給予方式啊！

最後，記住聖經中的告誡，做我們財物的良好「管家」。這也說明了我們身負變得慷慨的責任。舉例來說，假如我們為了買禮物送給別人而瘋狂地刷卡，這也沒有資格被稱為真正的慷慨——因為我們所花的，是不屬於我們的經費。更別提在同一星期中，當我們房租的繳費期限已到期，我們卻還捐出自己薪水的全額了。我們不應該為了幫助貧窮的人，而剝奪自己家庭的美滿；我們應該將神所賜予的重責大任擺在**首位**，之後才能將幫助陌生人的責任往身上扛。然而——這是一個很大的但書——這也不表示我們不能**兩者**兼具。要求自己成為一個「良好管家」，這點經常被那些小氣吝嗇的人拿來為自己的行為合理化。「我不能捐給慈善機構兩百美元。」他們會說：「因為我的孩子再過幾年就要上大學了。」很抱歉，在神面前，這種藉口是站不住腳的——你總是支付得起什麼的——而你所得到的永遠會比你所能負擔的更多。只是，你不應該將施予這件事看的這麼兩極化，認為只要給予、幫助了別人，就無法盡到你本應背負的其它責任。對此你千萬不可掉以輕心！

這只是將「真正的慷慨」和「假裝慷慨」做一區別的幾個例子。將它們僅記在心是很重要的，但千萬不要因此而放棄神希望你保持的看待金錢的態度——包容以及全心全意。而這種態度，簡而言之，就是**給予**、**給予**、**再給予**。我這麼說的真正目的，並不是打算為任何「給予」的系統計劃布局，或是提供關於你應該捐贈薪資中的多少百分比的任何建言（雖然十分之一是每個人**至少**應該要做的）。本章節的重點僅在於幫助你掌握**對神虔敬的慷慨**的基本概念——並且鼓勵你勇敢地接受它，將它奉為一生的圭臬。因為當你懷抱著一貫的堅持且放心自在地給予和付出時，不論你當時的經濟狀況為何——神**永遠**會悉心呵護你以及你的家庭。

假如你真的抓住了這個要點，金錢對你而言將不再是巨大的憂慮來源。相反地，它會成為冒險的源頭。每天醒來你都會問自己：「今天神會派我去幫助哪個失意的人呢？祂會要我為了何種有價值的目標而貢獻力量呢？我可以在顧及原有責任的前提下給予、付出多少呢？這個禮拜我又會去逗誰開心呢？」在最後，你會問自己：「神會用怎樣美妙的方式來賜福我的慷慨大方？」如同本書中的其他請求一般，最終的結果是，在你與神的關係中，你會被帶到一個全新的水平之上。不久後，你將不會再要求神「賜福」使你成為一個慷慨大方的人，你會對祂所給予你的所有事物充滿感謝，而任何物質上的獎勵對你而言，將只是錦上添花而已。

更令人驚訝的是，你甚至不必虔誠地將這個原則套用在任何工作上。人們並不會經常在精神生活中表現出願意主動給予的態度。不論如何，神還是會給予他們獎勵的——也許是做為吸引他們接近神的一種鼓勵。舉例來說，有一位很有名的歌手法蘭克・辛納屈（Frank Sinatra），他雖然沒有享有高尚的聲譽，實際上他卻是一個非常慷慨的人。他一生囤積了巨大的財富，但也有人這麼傳說，他捐獻了超過十億美元給慈善機構——而這大多是秘密的善舉。當他被問到，為什麼在過了他的全盛時期後，他還認為自己有能力在這麼長一段時間中賺到這麼多錢時，他總是這麼回答：「我也不知道為什麼，但是神每天早晨都會把錢丟來送我。而我所能做的只是將它們丟回去！多年來，我都是這麼做的。」完全正確！這正是真正的播種和收成的動態平衡——它是非常有效的。不論你是貧是富、帳單已經攤在你眼前、還是已被揉成垃圾團，你所需要做的，只是提出這個請求，並且盡你所能地對任何人、和身邊的每一個人寬厚。然後，坐下來聽聽神想告訴你什麼。祂可能會給你一個創業的想法；祂可能會在你老闆的耳邊低語，請他給你加薪；祂可能會激發你失散多年的親戚，讓他主動地將財產留給你。誰知道？記住：神是**很有錢的**！

所以，別再擔心你存摺裡的數字不夠多！對神來說，為你的帳戶增添款項是全世界最簡單的一件事。假如你還存有絲毫懷疑，就試試看吧——去測試測試祂！

第四章

神啊，請帶我穿越苦難

我再也受不了這些痛苦與折磨了！

幾年前，我走進了一家藝術用品店，想買一份禮物送給某人，不經意地跟店主人聊起來。這並不是一間很繁忙的店，很顯然地，是老闆自己經營整家店。由於他本身很健談，又問了我是誰、從事什麼工作等許多問題，我猜想他經營這家店很無聊，只是想找個人聊聊罷了。於是我跟他談了許多關於我的事，告訴他我正開始從事寫作，而當時我並沒有一個經紀人、編輯或出版社，我正在撰寫一本關於天堂的書，我希望將來某一天，它能夠幫助某些人。我記得我當時將天堂描述得非常有趣。但是，這個老男人臉上的笑容卻凍結了，他的嘴巴扭曲，看起來相當討人厭。他突然將臉別開，說：「噢……天堂……是喔。好吧。」

當時，我對於他的反應感到很驚訝，於是我說：「呃，不好意思，我說錯什麼了嗎？」

「天堂？」他氣急敗壞地說：「拜託，這個世界根本沒有天堂。而且神根本不存在。」

「噢。我很遺憾你這麼想。」我說：「但真的**有**天堂，神也真的**存在**。」

「聽著，」男人說：「你這小夥子看起來不壞。但是，這個世上沒有神。假如祂真的存在，最好讓我遇見祂——我一定要在祂臉上吐幾口口水。」

接下來，這個男人告訴了我，他的人生中所遭遇的一切悲慘的事，真的有很多。他的父母在他十幾歲的時候就過世了，他的兄弟姊妹也在很小的時候就夭折，而且全都死於癌症。他曾經失去許多工作，前年，他的妻子也過世了，留下他一個人孤孤單單地活著。而他唯一的兒子——一個從不開口喊他的兒子——根本是一個窩囊廢，把他的生活搞得一團糟。但到目前為止，最令他感到痛徹心扉的，是二十五年前他女兒的死。那時，她只是一個年僅八歲的小女孩。有一天，當她和她的朋友們在屋子的前院玩遊戲時，她突然暈倒，在送往醫院的救護車上，她就離開了人世間。醫生們認為這可能是因為某種心臟心律失常，但真正的死因他們也不能確定。她的死亡將這個男人徹底毀滅，他堅決且義無反顧地拔除了身上可能殘餘的任何信仰。

我聽著這個老男人描述這所有的一切，試著想找出一些話來安慰他。但，想當然耳，我什麼話也說不出來。我告訴他，我對於他所經歷的這些傷痛感到很遺憾，但我實在不知道我還能做些什麼。在這個節骨眼上，告訴他我身上曾發生過的悲劇、我如何用我的信仰支撐過去、以及我確信，無論他現在怎麼想，有一天祂終究能和她的女兒再次相逢等等，這些話似乎都毫無意義。更何況，只是提到天堂這樣的「胡說八道」都足以令他心情不好一整天了，於是，我只有默默地離開。

很不幸地，沒有一個既簡潔又睿智的答案可以回答這個問題：「為什麼人們會受苦？」你也無法不假思索地說出一個現成的答案，以減緩人們的痛苦。——假如這個傷痛極其巨大，當然不能。這就是為什麼有許多善良的人們，最後會對失去至親的朋友或家人們說著於事無補的安慰（雖然他們可能是無心的）。他們會這麼說：「我知道你正承受著什麼。」、「別擔心，事情會好轉的。」、「這是上天的旨意。」、「至少你還有我啊！」或者「不要再哭了，你應該站起來重新開始。」

像這樣的陳腔濫調，不論再怎麼懷有好意，對那些正在受苦的人來說，就像一把利刃，深深刺進他們心裡。而不論你說得多麼誠懇，對事情都沒有幫助。這麼說可能會更精準：「你祖母的死，或許是『上天的旨意』；失去了你的工作，或許事情將會轉變，或許將會有『全世界最棒的事』發生呢！」但是，假如你不曾真正地經歷這樣的情感折磨，這些話語有任何意義嗎？

許多人都忘了，傷痛就像是一個開放式的傷口——一個血淋淋的、皮開肉綻的傷口。我們都必須這樣看待它。我們最不想聽到的是，當我們身上的外傷如何疼痛時，還要聽為何需要包紮、傷口為何會裂開、為何我們會流血、或者血小板凝結背後的醫療過程等等生理解釋；此時此刻，我們最需要的就是找一個專業的醫生為我們止血、包紮，讓傷口慢慢痊癒。假如醫生把關於瘀傷、撕裂傷的所有細節一下子對我們吐露（在我們痛得尖叫的時候），我們的心情能因而感到比較平緩，能嗎？

假如你在狂風暴雨的夜裡開著車，道理也是一樣。當雨水濺到擋風玻璃上，閃電劃過了天空，模糊了你的視野；當巨雷的聲響、傾盆大雨和雨刷來來回回狂掃，使你完全無法思考——當這一切發生時，你所能想到最棒的處理方式是什麼？在那一刻，這一切是否能幫助你了解暴風雲雨從何而來？或者為何不同的天氣密集聚合會產生降雨？或產生閃電背後的各種科學原因？又或者，當你身處暴風雨之中，這會為你帶來什麼好處呢？

不，在這種情況下，你最該做的一件事是集中注意力，握緊方向盤，控制你的行車速度，道路上遇到轉彎時，你的眼睛也應該跟著轉向一側，以及注意交通。換言之，最好的辦法是集中你所有的精力，**穿過**這場暴風雨。之後你會有足夠的時間弄清楚為何你會被困在壞天氣之中，或者——假如你有興趣的話——花時間讀一下氣象學研究。但是，當暴風雨肆虐時，實際上你最需要做的事情永遠是——安然無恙地通過它。

神非常了解這一點。很多時候，神最不會做的事，就是當我們承受苦難時，告訴我們為何我們要經歷這些。這些事或許祂會晚一點告訴我們——很可能是很久以後。而祂會做的，是幫助我們承受這既可怕又皮開肉綻的傷口的疼痛感，使我們得以毫髮無傷地穿過暴風雨。待會兒我們將會討論更多「為什麼」人們必須承受苦難，但是現在請了解一點：不論你是什麼人，又或者你處在什麼地位，神永遠會答應這個請求：「**請帶我穿越苦難！**」

我說，在這個世界上，我們必須承受許許多多、大大小小的苦難。有些苦難很大，有些苦難很小。但是，每一種苦難自有其折騰人的方式——從牙痛到腎結石；從偏頭痛到偶發的抑鬱症；從另人悲傷的、老人突然惡化的死亡到令人震驚的少年猝死事件；從每一個經歷母親過世的兒子的悲痛到一對父母突然失去他們摯愛的孩子一般難以言喻的痛苦。

當這些人正在經歷苦難的試煉時，神會對所有前來向祂尋求協助和安慰的人說「好」，請注意我並沒有說「神會停止你的苦難，或在第一時間阻止它的發生，或以任何方式減緩你的痛苦」。這可能會是一個最大的信心絆腳石，但我們必須昂首面對這一切：神允許了許多可怕的事情發生。祂允許讓疾病肆虐國家、讓颶風摧毀城市、讓殺人犯和強姦犯恐嚇整個社區。記住：祂還曾經允許數十萬名孩童在納粹集中營被毒氣毒死。祂說一聲「好」可能會讓你接受某種形式的痛苦——而那或許正是你最恐懼的一種。

看看耶穌基督身上發生的事。在祂去世的前一晚，祂向神祈禱可以不必去承受那血腥、暴力的十字架之死。祂很清楚知道祂將會經歷多少苦難，祂也曾試圖擺脫它們：「如果可以，請將這些苦難從我的身邊帶走吧。」耶穌基督——偉大的三位一體中的第二人——為了逃離苦難，付出了最後的努力。在最後一刻，祂要求暫緩執行。但畢竟祂是完美之子，祂仍補充了最重要的一點：「不要按照我的本意，只要依循你的信念。」

我們都知道接下來發生了什麼事。祂的請求遭到拒絕，耶穌的受難仍得如期發生。

然而，假如神連自己的兒子都能拒絕，我們又怎能期待祂向我們保證，會對我們比較寬容呢？不論我們向他祈求了多少次，在未來，我們仍可能會經歷各種可怕的考驗。

重點是，不論我們將會經歷怎樣的苦難，神永遠會為我們開闢一條出路。那條路並不是讓我們直接脫離那個苦難本身，而是讓我們從那個苦難所帶來的徹底晦暗的絕望之中逃脫出來。而這也是向神這麼請求的要旨——**走出晦暗的絕望世界**。在祂寫給格林多（哥林多）的信中，有一段著名的話，宗徒保祿（門徒保羅）是這樣描述神的：「你們所受的試探，無非是普通人所能受的試探；天主是忠信的，他決不許你們受那超過你們能力的試探，天主如加給人試探，也必開一條出路，叫你們能夠承擔。」

心靈作家經常採用這個段落，來說明神絕不會允許我們接受超越我們忍受極限的**罪惡**的考驗。但談到苦難時，它也相當適用。神永遠會給我們一個「逃生艙口」。無論我們內心有多大的風暴，祂永遠會給我們一個出口，而也因為這個出口，我們不會一直被困在那裡。當耶穌基督祈禱自己得以免除十字架上受刑的苦難時，神原可以拒絕祂的請求，但祂卻派遣了一個天使，到革責瑪尼（客西馬尼）花園安慰祂。讓天使陪著祂、安慰祂，這也更加強了祂的決心，而且也幫助祂度過當時祂所經歷的深刻情感騷動和恐懼不安。

這與神提供給我們的協助有異曲同工之妙。我們身上既有的痛苦可能不會因為這麼祈禱而消除——而我們自己總是期待著，當我們向神請求時，就能得到神的幫助和安慰，並且能因此更強化了我們的心智。

每一個人都曾在某個時候讀過《沙灘上的腳印》（*Footprints in the Sand*）這首詩。記得這首詩想要傳達給我們的訊息嗎？一個男人，夢見他和神一起站在海灘上，看著他生命中的所有場景如同閃光一樣，一幕幕劃過天際。這個男人看見了海岸線上的每一個場景底下，都有兩組腳印——一組是他的，另一組是神的。望著跨越了自己整個生命的所有場景，這個男人發現了一件讓他不安的事。因為，每一張描繪他生命中最哀傷、最痛苦的生命場景底下，卻都只有一組腳印。於是，這個男人轉身面對神，問道：「神啊，我不懂。在人們遭遇苦難時，祢應該總會幫助他們的；然而，在我最需要祢幫助的時刻，為什麼祢卻完全放棄我，讓我獨自面對呢？」神憐憫地看著他，說道：「我的孩子，難道你沒看見嗎——為什麼當你的人生面臨那些可怕又痛苦的遭遇時，卻只有一組腳印的原因——那是因為那時我正**背**著你啊！」

這首詩深深觸動了人們的心弦，因為我們從中發現了真理。它使我們回想起，在我們的生命歷程中，當我們必須承受難以忍受的痛苦時，我們看似將被擊敗或被悲痛吞噬——但不知怎麼的，我們仍然能安然地度過。在那些時刻，我們不正感覺自己像是被某種力量牽引著，而不是只依靠自己的力量嗎？

我記得多年前，我妻子的叔叔死於突然發作的心臟病。他的死亡是和他的朋友在釣魚的時候發生的，而我們在稍晚一些的晚上接到這個可怕的消息。那時他才四十多歲，有一個妻子、兩個小孩，和一個關係密切的大家庭。他的妻子比我們早一點得知這個訊息，她非常震驚。至於那個夜晚，所有朋友和家人聚集在男人的家中，就像我們一樣，從睡夢中被吵醒，得知他的死訊。我依稀記得，在那個可怕的夜晚，充斥著哭泣和呻吟聲。我印象特別深刻的是，在半夜兩點，睜大眼睛、神色木然地坐在床邊看卡通的兩個孩子，似乎不太了解他們周遭發生了什麼事情。唯一沒有被告知的人是男人的父親，也就是我妻子的爺爺。那時他的年紀已經八十出頭，所以大家決定，等到天亮時再告訴他這個消息會比較好。

隔天清晨，告知祖父他的兒子已經死去的責任，落到我的妻子身上。一個年輕的女孩子，該如何告訴她的祖父這個消息呢？而我所要做的，只是和我的妻子一起走進屋裡，陪著她傳遞這個殘酷的事實——但是這並不難。我並不需要描述事故發生的種種細節，或看著這個年老的男人如何笑容可掬地打開門，又如何從我們臉上的表情看出事情有何不對勁；看著他如何一次又一次的拒絕坐下，又如何提高聲調反覆詢問同一個問題，用瘖啞的聲音問：「到底怎麼回事？親愛的，這究竟是怎麼一回事？」——當他坐立難安，緊張地揪著衣領的時候，他將會如何不肯相信我們所說的話；然後，最後他的腿會如何頹喪地垂落地面，整個人虛軟不堪。那將會是多麼可怕的一幕啊！我記得非常清楚，當時我的妻子表現得很堅強，儘管她自己也很悲傷。我不斷在心裡琢磨，到底是什麼使她擁有這麼大的勇氣和美德，來處理這一切？

很久之後，她告訴我那天早上她是如何度過的。她對我說，雖然那個時候她並沒有很虔誠，但在按下她祖父的門鈴之前，她默默地對神提出了一個請求。她並不是向神要求什麼東西，她只是請求神必須為她做一件事。「神啊！」她說：「我知道我不會一個人的……祢會陪著我的……祢必須這麼做，否則，我一定辦不到。」她這麼祈禱完之後，心中感覺到一片祥和，她終於能夠向前邁進，去做她所應該做的事情，而不感到一絲崩潰——胸口不再有千斤重的重擔壓著她。

她得以繼續的原因很簡單：神在她身邊幫助她。假如當時她可以和神一起站在海邊，那麼她將會看到，她生命中的那個場景底下，會只有一組腳印。

然而，這就是整個腳印的比喻所要告訴我們的：雖然我的妻子已得到她所需要的神的協助，來帶著她度過這個可怕的磨難，但這並非**全然**只靠神自己獨自做到的。是的，祂支持著她，扶著她的腰，讓她靠在祂的肩膀上，拉著她一起走進她祖父的家。但祂並非完全地背負她，她仍然必須自己完成這件事情。這就是我們必須理解的重點。我們之前說過，神總是給我們一個「逃生艙口」。不論我們的痛苦多麼巨大，祂總是會給我們一個出口，幫助我們用腦、用心、和靈魂，安然無恙地度過暴風雨。

有的時候，一些很不幸的事依然會發生，人們寧可選擇掉入一種慣常的模式，也不使用神所提供的逃生艙。即使在最痛苦的時候，他們也不願意透過祈禱來更接近神；又或者，即使他們已經身處於人生中的黑暗時刻，他們也拒絕接受神派來幫助他們的人們。在經過好幾年之後，這已足以養成一個習慣，那麼，當這些人遭遇人生中的種種磨難時，他們**很可能**會覺得自己已經被擊敗或被困住了。在那些日子裡，他們將不再看見神為他們準備的逃生門——即使那就在他們眼前。他們可能會打從內心認為，對他們而言，這一切已經「沒有出口」了，對他們而言，這一切已經「沒有希望」了。而他們將不得解脫。

這些受折磨的靈魂將會變得怎樣？不論在情感上，心理上或精神上，這些都會變成不可彌補的傷害。他們的痛苦將會使他們感到窒息——不是只有幾個月，幾年或幾十年而已，是**一輩子**。有些人經歷了離婚或分手，再也無法重拾愛人的勇氣；有些人車禍後癱瘓，再也無法享受人生；有些人失去了一個至親或密友，再也不相信上天的存在。這些悲痛欲絕的人們，都為了某種原因深深感到沮喪，再也無法敞開心胸，他們失去了所有的希望，最後走投無路，只能步上孤單的死亡一途——自殺。

沒有人說這些人是有意識或出於自願地選擇自己的命運，也沒有人說神應該要嚴格地為這些人的行為負起責任。這一切都取決於一個人靈魂中的內在狀態——而這一點只有神能夠看穿。我們知道神有多麼善良，祂可能會對這些貧窮的男女賦予最大的慈悲。在這裡，我們要說的是，我們所提到的每一個可怕的結局，**本來都是可以避免的**。即使是最強大的暴風雨，也沒有釀成車禍的絕對必要性；即使是最殘酷的死亡，也沒有剝奪一個人信念的絕對必要性；即使是最嚴重的臨床抑鬱症，也沒有導致自殺的絕對必要性。神永遠會給我們一個出口。它或許並不容易達到，但它永遠充滿了**可能性**。神永遠都會答應這個請求：「**神啊！請帶我穿越苦難！**」

現在，既然我們已度過最初的暴風驟雨，我們應該以一種更美好的心境來思考它發生的原因。這也是我們進入所有神學中最偉大的神祕之所在：為什麼一個至善、全能的神，竟會允許苦難存在呢？

很顯然地，我們無法在這件事情上面投入過多的關注。市面上應該有很多書可以做到這一點，但我們可以這麼說，想了解這個奧祕有一個關鍵——更確切地說，想了解人類的條件這件事本身，就充滿了各種勝利、悲劇、狂喜和驚恐——其中的關鍵就是，我們的**人生**當中，伴隨著一件**可怕的錯誤**存在。我並不只是意味著它是困難、殘忍或是痛苦的（這一點是顯而易見的）；我的意思是，有一件事情是根本的「被關閉」了，生命中有些事情是毫無意義的——有些事情在整幅生命的畫作上其實是錯誤的。而生命以某種形式扭曲了這個想法，這與人們經歷著苦難的這件事有非常密切的關聯。你不需要以一個偉大神學家的角度來看待這一點。任何一個能欣賞一個落日餘暉、樹葉、橘紅色的秋日時分、宏偉的交響樂或者漂亮女孩臉上的微笑的人，都能看見這些令人讚嘆的創作，和一個癌症病房、臨終安養院或公墓，根本不屬於同一個世界。一個欣喜至極的孩子在聖誕節的早晨打開禮物的情景，和殯儀館裡的一個白色棺材的情景根本一點都不協調。而這些都還不足以說明，這世界充斥著好與壞的一切事物。這樣的解釋是不夠的。生活中好的事物都太美好了，而壞的事物又太可怕。他們都不是這個相同計畫中的一部分。C. S. 路易斯將這一點詮釋地最好，他說人類本能地知道，生命中的美好是**應該**存在的，而那些殘酷的、痛苦的事物卻不然。他說，不知為什麼，我們知道「正確的事物」有存在的權利，而「錯誤的事物」卻沒有。

這不是我們透過數學或科學就能夠證明的，但這是身為人類的我們所能刻骨銘心感受到的。許多信仰系統，包括宗教和世俗的，都試圖主張：死亡和苦難不過只是生命中一件再平凡不過的事罷了。真是一派胡言！它們可能是生命的**真相**啊——而且是我們必須去接受的真相——但它們既非「正常」，也非「自然」或者「美好」的呈現。而基督宗教是唯一的一種可以真正直截了當地面對面，解決此一衝突的宗教，它是唯一可以藉著問：「這張生命的畫作哪裡有問題嗎？」來挑戰這個偉大、全球性且不合邏輯推論的一種宗教。而它也是唯一一個試圖想要提供一個答案的宗教。

這張畫作真的有問題，**因為某些地方出了錯**。生命從來不該是這個樣子的。在最初的時候，一定有什麼事情錯了，而且錯得徹底。我們且將它稱之為墮落。

早在伊甸園時期，我們的祖先就鑄下大錯，震撼了世界，做了一件背叛神的惡劣行徑。其造成的後果，至今我們仍深受影響。我們並不清楚所有的細節，但我們知道，這是因為不順從的行為所導致，這一切都源自於驕傲。〈創世紀〉裡有提到，亞當和厄娃（夏娃）吃了知善惡樹（分別善惡樹）上的果實。這聽起來似乎沒什麼，這樣一個無害的象徵，但它真正代表的涵義到底是什麼？

它並非意味者我們的祖先只是想要嚐嚐一顆蘋果的味道；它並非意味著他們求知若渴；它也並非意味著他們僅只是想要明辨是非對錯之間的差距。這些都是誤解罷了！亞當和厄娃並不是想要了解對與錯之間有何不同，他們真正的意圖是，**想要憑自己的的意志，決定何者為是，何者為非**。他們選擇了抵制神所訂立的法律，而想創造自己的法律。因為他們驕傲的反叛行為，加上魔鬼在旁搧風點火，他們試圖想要侵占神的地位或者成為神。這就是他們所犯下的罪。

而他們的所作所為改變了一切。因為背叛了神，我們的祖先被拒絕並且失去了一切與神親近的事物。他們失去了永恆的生命，他們失去了天堂，他們失去了與造物者之間的友誼。他們失去的這一切，不僅關係到他們自己，也關係到整個地球、世上的萬物、以及他們所有的子孫後裔。他們的罪惡被傳承了下來，彷彿遺傳一般。而離開神的保護後，他們所得到的不是自由、知識，或任何形式的獨立自主，只有暴露於墮落世界的殘酷元素：死亡、墮落、疾病、抑鬱、虛弱、孤獨和衰老，和其他自古以來長期困擾人們的人類疾病長篇目錄。

而這件事，歸根究底就是這個世界之所以至今仍是一團糟的原因。神並沒有對我們做什麼——是我們自己選擇了離開祂。祂並沒有使亞當和厄娃離開祂，祂也沒有因為人類的墮落而讓我們經歷苦難。神很少心甘情願、明知或故意讓人們承受苦難。祂並沒有引起地震造成數千人喪生，也沒有致使恐怖分子將飛機撞向世界貿易中心；祂沒有造成我妻子的叔叔患上致命的心臟病，祂也沒有造成那個可憐老闆的女兒死在自家的前院中。神並不是端坐在天堂，像一個性格扭曲、至高無上的虐待狂一般，挑撿和選擇適宜的人選，並以苦難來折磨他們。把事情分析到最後，所有的死亡與悲劇，都是墮落的結果。

而人們會對神感到生氣，有時候是因為神不願意偏離自己的原則，來幫助我們避免苦難的發生——至少祂不會經常這麼做。事實上，神幾乎不曾用祂赤裸裸的權力來操縱人類或事件的方向。就像祂沒有阻止亞當和厄娃背叛祂，所以今日祂也不會強行阻止人們做壞事，這真的不是祂的作風，這也不是祂當初所創造出來的世界。儘管一些反基督宗教的哲學家過去總是這麼認為，神從不曾用祂的意志強迫人們做什麼，或者「奴役」我們。相反地，祂一直是曾經存在過的最偉大的自由擁護者。雖然祂向所有的生物要求服從，可是實際上，祂卻也准許我們做任何我們所想要做的事——不論在這個過程中，我們將會對自己或對別人造成多大的傷害。

而同樣的這位神，對我們格外地寬容，亞當和厄娃被驅逐出伊甸園之後，祂並沒有使人類滯留在絕望之境。祂使用一種沒人能夠預測的方式，參與我們的生活。為了彌補我們祖先的錯誤，祂做了一件既真實又根本的事。兩千年前，祂降生成為一個男人，以人類的耶穌基督的身份。一個女人生下了祂，祂居住在地球上，過著完美、無罪且服從的生活。而正是這種服從——即使是死於十字架上，也在所不惜——終於彌補了不服從的亞當和厄娃所犯下的錯誤。除了其他所有的影響外，基督的死亡和復活中最美妙的一件事在於，它告訴了我們，在某種程度上，神願意參與我們的痛苦。正如你不需要當個神學家，就能了解這個世界之所以存在那麼多痛苦，是源自於很多「錯誤」的事物；正如你不需要成為一個學者，就能知道一個父親心甘情願為他的孩子犧牲是多麼「正確」的一件事。這實在是基督宗教表現出它與世界上其他宗教深刻不同之處。伊斯蘭教在解決苦難的問題時，只會說接受「真主的意志」的必要性。猶太教則強調，連質疑上天的這個問題都是錯誤的，因為上天離我們太遠了。佛教和東方的宗教則傳遞了生命之中的某種超脫——其概念是，假如你什麼都不喜歡、什麼都不渴望，你就能把「失去」的經驗處理得更好。只有在基督宗教之中，苦難是神學和精神靈性的正核心。惟有基督宗教承認苦難是如此的可怕和錯誤，連神本身也無法干預；惟有基督宗教是十字架信仰的主要象徵——一個男人在其上被處決的一個經歷苦難的工具。

雖然世界上的主要宗教都談到了在面對痛苦時，要全然地相信上天的必要性，但基督宗教增添了一些更加深刻的平衡——一些令人吃驚的、更為崇高的、以及令人心碎的事物。基督宗教中的神不只說「相信我」，祂也說「看著我」，祂還會說**「模仿我吧！」**

在我們的童年時光裡，我們可以回想到許多例子。當我們不想做某件事，卻又因為父母的堅持而**必須去做**的時候：也許我們不想去學校上課，當我們生病時不想吃藥，或者被關進自己的房間裡當作處罰。有的時候，我們的父母會跟我們解釋這令人不愉快的處罰之所以存在的必要性，有的時候則不會。有的時候他們會跟我們解釋原因，但我們並不能完全理解他們的想法，因為我們還是小孩子。我記得當我還是個小男孩的時候，我很怕水，我的父親帶我去布魯克林區的一個公共泳池，並且試圖想教我游泳。我記得他告訴我，把頭放進水中，並且不要害怕，但我卻一直搖著頭抗拒。你知道他做了什麼嗎？他沒有再進一步解釋游泳是安全的，他只說：「看著我！」然後他將頭浸入水中，過了幾秒鐘，當他渾身濕透地冒出來時，他微笑著說：「看吧！根本沒事。現在換你試試囉！你可以做得很好的。」

而這就是當苦難來臨時，神為我們所做的事。透過〈先知書〉和《聖經》中的言語，祂告訴了我們關於人類墮落的故事。但是祂知道這是不夠的。祂知道我們終究無法了解罪惡的嚴重性，或是為什麼它必然會導致死亡，或是我們要為所有壞事情的發生負擔一部份的責任，因為我們每天都做了各種冒犯神的罪惡、叛亂的行為。祂知道，假若這一切只是當作一個神學論點被提出，我們會難以接受。所以祂也告訴我們：「看看我吧！我也正在受苦受難呢！」

而且祂真的做到了。祂降生成一個男人，並且經歷了各種各樣你所能想像的人間苦難：抑鬱、孤獨、恐懼、害怕、焦慮、身體上的疼痛、羞辱、迫害、奚落、冗長的苦惱——甚至是被遺棄的滋味。每一件我們所要面對的事情，祂都面對了。祂甚至將其中最可怕的痛苦也一併扔進這場交易之中——孩子的死亡。因祂確知自己的母親也會在現場觀看自己的生命可怕地結束。祂並不是想傷害自己的母親，而是希望這幅受難圖可以完整。祂希望能夠對我們說：「你們可能不能了解『為什麼』要受苦，但是，就看看我吧！我正在和它對抗呢。我和你們一樣討厭受苦，但此刻我正經歷著它，而你們將會知道，到最後，一切都會沒事的。」

於是，祂為我們而死，而祂這麼做，不僅是讓人性獲得救贖，也給了我們如何面對苦難的一個完美示範。而現在，當我們必須面對我們生命中的苦難時，我們已經獲得所有支撐基督度過受難和死亡的力量、和平和勇氣。神使我們每一個人都擁有這種力量。當你對神說：「**請帶我穿越苦難！**」祂將會牽著你的手，帶著你穿越苦難。不論你所面臨的危機是什麼，祂願意陪著你穿越火場，並且確信你能安全地走到另一邊，不被火焰吞噬或燒毀。

祂將會視你的人格特性和你的特殊情況，決定祂的作法。苦難——尤其是悲傷——它能以一億種不同的方式來影響人們。對一些人來說，經歷了重大損失之後，最好的方式就是馬上回去工作；其他人則需要自行離開，休息一下，將事情整理好；有些人藉著向身邊的人傾訴，完善地處理自己的悲傷；其他人則需要完全遠離這個問題——因為僅僅是提到它，就足以讓他們承受極其痛苦的哀傷。有些人只需要一個簡單的肩膀可以倚靠，有些人需要的是當他們回家時，能夠有人願意給他們一個擁抱；其他人則需要哭、哭、哭，並且一哭再哭——直到他們的眼淚流乾為止。

當你請求神幫助你「安然度過」，祂將會引導你到讓你傷口癒合的最佳途徑。假如你需要跟一個這樣的人說說話，也許神會把他或她送到你的面前。假如你需要遠離大家，一個人孤孤單單地靜一靜，也許神會鼓勵你的老闆在工作之餘，給你更多的休假時間。假如你需要讀一些療癒身心的書，也許神會把一本完美的書交到你的手上；假如你必須去面對折騰人的為期一週的身體檢查，也許神會為你灌注額外的勇氣。有的時候，當一個人正在經歷一個特別痛苦的哀悼時期——它可能是來自小孩或者伴侶的死亡——神往往早已知道，偶爾，祂會提供一個跡象，告訴你逝去的親人現在其實是過得很好的。

有時候，神可能會派遣一些需要得到安慰的人給你。如同我們先前所討論的，這個世界永遠不會缺少孤單、承受著病痛或者因絕望而渴望得到一絲善意的人們。幫助別人是我們生命中最接近「靈丹妙藥」的一件事。假如神判定你已做好準備，祂很可能會指引你到一個（或者更多）比你更慘的人們的方向去。

不論神是否會回應這個請求，有一件事是我們可以確信的：祂將會加快這個治療的腳步，並確定你已盡你所能，運用最小的情感、心理和精神損害，來度過你所經歷的苦難。這個保證不只適用於生命中巨大的不幸災難，它對於渺小的日常生活中「厄運的打擊」也一樣起作用。你不需要等到心臟病發作、得了絕症或者車禍發生時，才能尋求神的協助。當你牙痛時，你就可以這樣請求；當一個討厭的同事在工作時不停地對你說話時，你就可以這樣請求；當你困在車陣中時，你就可以這樣請求；當你面臨各種各樣的苦難時，你都可以對神說：「**神啊！請帶我穿越這一切吧！**」

而祂將會如你所願。

最後，信徒和無神論者之間的差異，並不在於信徒所承受的苦難就比較少，事實上他們不會。差別在於，他們是**帶著希望**在承受著痛苦和悲傷：希望有一天，他們的痛苦將會結束；希望神給他們一個精心的安排；希望他們所承受的苦難具有某種意義；即使是最嚴重的苦難和悲劇人生，仍然希望神能從中萃取出一點好的東西來；在第九章中，我們將會大篇幅地探討這個問題。我們將會討論到關於神、神的意志和自由意志、以及拯救苦難的價值。但是現在，我們必須先將注意力集中在一件事情上——不論你所承受的苦難為何，神都願意幫助你跨越它。相信我，假如你把祈禱培養成人生中的一個重要習慣，你將不會走向極度荒涼之境；你將不會像本章開始時我所提到的老人那麼悲慘——那個失去了他摯愛女兒的藝術用品店老闆。不論你的痛苦有多麼可怕，你永遠不會感到難堪、憤世嫉俗、幻滅或不開心。你絕不會想要在神的臉上吐口水。

原因是，神永遠會答應這個請求，即使你的痛苦是如此巨大，你幾乎感覺自己快死了，假使疼痛不減緩一些，你甚至想走上自殺一途——神會幫助你的。祂會過來找你，用祂的手臂將你高高舉起，帶著你走出黑暗。因此，我們所信仰的神，永遠都會在的。祂知道苦難意味著什麼，祂也知道死亡和埋葬代表什麼——祂也知道如何走出冰冷、絕望的黑暗之境。

第五章

神啊，請祢寬恕我

我不想當一個不知悔改的人……

我童年最早的一個記憶，是親眼目睹一個鄰居的小惡棍和一個小男孩在打架，當時我住在布魯克林區。這個小男孩年紀應該不超過十歲，而這個小惡棍已經十幾歲了。我記得當時我躲在我住的公寓大樓門口，心中帶著一丁點的恐懼卻又忍不住被眼前的景象所迷惑，於是我站到距離人行道幾英尺外的地方，偷偷地觀看這場打鬥。剛開始，小惡棍將小男孩推倒在地，而小男孩則哭了起來。但是，這個小男孩並沒有賴在地上，像一般同年齡的小男孩一樣，相反地，奇怪的事情發生了。他的臉脹得通紅、瞇起雙眼，緊緊咬住顎骨和牙齒，發出了一聲巨大的怒吼。他很快地從人行道上跳了起來，對著那個看起來有點吃驚的大男孩挑釁，還瘋狂地揮舞著他的拳頭。他跳上那個小惡棍的頭，企圖想反擊，用吃奶的力氣狂叫著。那個小惡棍似乎被小男孩的反應給震驚得呆掉了。但他恢復得很快，他再一次充滿惡意地將小男孩往地上用力一摔，一邊在口中喃喃詛咒他。但這個小男孩卻很頑強，他再一次站起來反擊，用全身的力氣對付眼前的這個小惡棍，他的手瘋狂地揮動，腳在空氣中狂踢。小惡棍則一次又一次對他飽以老拳，並再次用力地將他摔倒在地。

這一次，小男孩的衣服被扯破，他的膝蓋破了皮，臉上又濕又髒，沾滿了淚水。但這似乎不能阻止他的不服輸。每一次當眼前的這位大男孩將他摔倒在地，他總能很快地站起來，對著大男孩挑釁，用發狂的憤怒聲，尖叫著、哭吼著。他被摔倒在地的次數起碼有七次之多，但每一次他被摔倒後，總是能很快地站起來，哭聲比之前更響亮。我記得我當時非常專注地看著他的臉，簡直對他的決心敬佩得五體投地。看情勢沒有什麼可以將小男孩打倒，那個年紀較大的小惡棍最後終於厭倦了對他的欺侮和拳打腳踢。小男孩對小惡棍惱怒地大吼：「住手吧，離我遠一點！」最後，這位少年終於放棄抵抗，不得不在街上奔跑著離開，一邊大聲地咒罵這小男孩簡直是瘋了。

不知道是什麼原因，那個畫面始終留在我心裡難以磨滅。那個可憐的小男孩，臉上既是髒汙又是血漬的，一次又一次哭著被擊敗，卻一次又一次不斷在人行道上站起身子，只為了再一次被擊倒的這個畫面，就像是生命中許多事物的一個隱喻。每一次當我被擊倒，需要得到某種力量使我繼續努力的同時，我都會想到這個畫面；每一次當我面臨那些看似壓倒性的困境時，我都會想到這個畫面；或當我感到疲憊不堪、筋疲力盡，需要得到額外的力量來使我得以堅持下去時，我都會想到這個畫面。但是，這件事情對我而言，卻一直是一個超乎一切的象徵，而這個象徵，正是我們現在要探討的這個祈禱的力量——帶著不屈不撓的精神，提出這個祈禱——無論我們向神祈禱多少次，無論在這個過程當中我們哭泣了多少次、無論我們被擊倒在地多少次，只要我們向神這麼請求：「神啊，請祢寬恕我！」祂永遠都會對我們說：「好。」

大家都知道，神會寬恕所有罪惡。特別是這個說法大家一定都聽過，因為耶穌基督「為我們而死」，所以我們的罪惡才能得到寬恕。在最後一章，我們將會談論一些關於寬恕的神學理論。我們說，耶穌基督藉著在十字架上犧牲自己，為所有的人——為那些不同時空，早於祂或者晚於祂的時代的人——贖罪。藉著生活上完美的服從，即使談論到死亡這一點，祂不但讓人們進入天堂這件事變得可能，也讓我們個人的罪孽永遠被赦免和消除。這是世界各地所有基督徒所普遍相信的，而且已被傳頌超過兩千年了。

而你所必須了解的是，當我們談到生命中那些我們所做過的壞事情需要被寬恕時，最艱難的部分**祂已經為我們做到了**。在很久以前，耶穌基督已經代表我們完成了這項工作。而在這個過程中，我們的角色就相對簡單得多了。我們越能掌握這一點，就越容易擺脫掉罪惡、羞恥、悔恨，和我們過去綑綁在脖子上，如磨石一般沉重的情感枷鎖。

讓我們用一個例子來說明這一點。我不知道這例子在你身上發生多少次，但是以我自己來說，有時候我會因為心不在焉和疏忽，經常忘記我的鑰匙放在哪裡。這真的是一件令人深感沮喪的事，當你辛勤工作一整天，疲憊地回到家中，卻發現你無法進入自己的家門。除了打破門之外，你所能做的，似乎只是打電話給鎖匠了。當鎖匠終於來到，他必須要將舊鎖取下，並且換上一個新的鎖。於是，他會給你一組新的鑰匙，你終於可以進入自己的家門。

在這種情況下，我們可以說，這個鎖匠讓你進入家門的這件事情「變得可能」。他當然沒做完全部的事情。在他完成它的工作之後，他收拾好他的工具，他不需要抱著你的身體帶你進入你家，你也必須要自己打開家門然後走進去。而這是很簡單的一件事。鎖匠做了最艱難的工作，這也是為什麼他可以向你收這麼多錢的原因。沒有他，你就只能在門口坐著，只有老天才知道你需要在門口坐多久。

當你有頭痛的毛病或者是其他醫療上的問題，而需要服用一些專門的藥物時，道理亦然。最困難的部分——製造藥物、包裝、並且開處方——這個部分製藥公司和醫生已經做了，而最簡單的部分——將藥片放進嘴巴裡、吞下它，則是你所要做的事情。

在我們的生命之中，當神幫助我們的時候也是採取相同的步驟。當我們遇到許多問題時，假如我們請求祂的話，祂一定會同意做大部分的工作。但祂也將會堅持，我們也必須從中擔任一個角色。有的時候，這個角色看似非常困難——至少在剛開始的時候——但相較於祂願意代替我們所做的一切，我們所分配到的工作，已是相當簡單的了。

當討論到寬恕這件事，在亞當和厄娃（夏娃）墮落之後，人類的確是陷入一種無望的處境。因為今後不管人們做了什麼，他們永遠都**不可能**上得了天堂了。不論舊約中的君王和先知們多麼神聖都沒有用，他們死後也無法進入天堂，因為天堂的門栓早已拴上了。他們必須等待耶穌基督、亞巴辣罕（亞伯拉罕）、梅瑟（摩西）、達味（大衛）、艾斯德爾（以斯帖）、盧德（路得）、撒羅滿（所羅門）和所有當時偉大的男人女人——總而言之，他們必須等待。

神最後到底做了什麼呢？祂挽起袖子，並且開始做整個救贖之中最困難的那一部分，而這個部分我們無法自己完成。祂降生成一個男人，全然無罪地過著祂的人生，犧牲自己，只為了彌補亞當所犯下的罪行。因此，神拔除了天堂之門的**門栓**，而舊約中所有的善良人們，以及他們之後的所有聖人，終於得以進入天堂。接著，祂死而復生，「證明」祂做到了。而當神這麼做的時候，祂發揮了鎖匠——或甚至是醫生的作用。祂讓進入我們的家門的這件事變得可能；祂提供藥物給我們，「治療」了死亡，而這正是最艱鉅的工作。但是神也堅持，我們必須在這個救贖的過程中也扮演一個角色。而這也是為什麼現今社會上這麼混亂的原因，因為人們真的無法完全了解，他們所要扮演的角色有多麼**簡單**。

在福音書中，耶穌基督說：「凡勞苦和負重擔的，你們都到我跟前來，我要使你們安息……因為我的軛是柔和的，我的擔子是輕鬆的。」（瑪竇／馬太 11:28-30）許多人都讀過這段話，並且對他們自己說：「但是，為什麼會這樣呢？為什麼耶穌身上的擔子突然變輕了？畢竟避開罪惡是很難的，實踐十誡是很難的，有的時候愛你身邊的人是很難的，或者原諒傷害我們的人們，也是很難的。」

我們都知道，挑戰或命令耶穌基督的下場有多麼慘。所以，究竟耶穌為何聲稱它很容易呢？祂的這個說法，彷彿飄在常識之上一般虛無縹緲，但祂卻說得清晰肯定，如白晝一樣清楚。那麼，祂到底是要傳達什麼意思呢？

這謎題的答案是，雖然依循基督宗教的理想和避免犯罪地過生活，確實是一件不易做到的事，然而，讓我們曾犯下的罪過獲得寬恕，卻是極度的簡單——幾乎簡單到不可思議的地步。大體上來說，我們為此所必須做的事情，就是走進耶穌為我們敞開的這扇大門；我們所必須做的事情，就是吞下祂賜予我們的解毒劑；而同時達成這兩件事的唯一方法，就是：我們必須誠心誠意地為我們所犯下的罪過感到懺悔，並向神坦承我們的過失。

那就是了！假如你真的對你所犯的過錯——任何過錯，感到懺悔，你只需要真心真意地向神道歉，而祂將會原諒你。就是這樣。

我剛剛所提到的最難的部分不是去**實行**它，而是**相信**它。世界各地的人們都聲稱自己是基督徒，但卻無法接受這唯一一個最重要的原則。我並沒有絲毫地誇張，但是我可以告訴你，整個基督宗教可說是歸結於它們對寬恕的信念。這是耶穌基督來到這個世界的原因，這是祂受難和復活的原因，這是至今教堂存在的原因，也是為什麼這麼多的歷代聖人都願意為他們的信仰而死的原因，這也是為什麼這麼多的心靈類書籍（當然也包括我這一本）會被書寫和閱讀的原因。

事實上，電影《受難記：最後的激情》（*The Passion of the Christ*）是如此可怕而暴力，因為它企圖將這一點表達得淋漓盡致，用一種非常生動的方式來說明，世界各地的人們在所有時間內所犯下的過錯，都被提前償還了——藉由基督，藉由祂血淋淋、痛苦且難以忍受的犧牲行為。若沒有基督的死亡和復祂活，這些罪就不可能被寬恕了。這是基督宗教的最基本要旨。

這是否讓你聽起來覺得美妙到令人難以置信？一點也不！想想一場足球賽中，每一個接球失誤都可以從頭來過。這也是神看待我們生活的方式。每一次當你陷入了困境、遺漏了一顆球、其他的球員擊球出界或者不小心「犯了規」，裁判會讓這場比賽重新來過——只要你真心地感到懺悔並認錯。沒有勝利的旗幟、沒有十碼的罰球、沒有任何的失誤。那個宿命的下午，在釘死耶穌之地，為了這個原因，基督灑下祂的每一滴鮮血——如此，每當我們道歉後，我們都能輕易地被寬恕——所以，我們都能讓我們的失誤重新來過。

一個著名的好萊塢名流曾經說過，他不可能「買入」任何聲稱可以讓你在週五犯一個重大、兇殘的罪惡，卻能在週日洗刷罪名的宗教。很多人可能會同意，但他們忽略掉一點，就是**你可以**。這不是偽善，假如你真心地懺悔並認錯，你可以得到寬恕，不論你做了什麼，不論你多麼常犯這個錯誤。這也是為什麼基督宗教以其崇高的教義和豐富的神學素養，成為人們心目中最簡單也最不複雜的宗教的原因。耶穌基督說祂的束縛不需費力，而祂身上的擔子很輕就是最好的理由。因為，事實的確是如此。

有許多的信仰傳統（包括基督宗教在內），對於神想傳達給人們的寬恕這一點上各有不同的看法，但是根本上，他們全都相信寬恕是一件很簡單的事情。舉例來說，天主教也有懺悔聖事的習俗——更正確來說，是「告解」。他們並沒有將告解視為耶穌基督的寬恕替代品，他們也相信惟有透過耶穌基督和祂的犧牲，我們才能得到寬恕——但是他們相信，祂將透過神父，把寬恕傳遞給我們。此外他們不會這麼說：一個人若是不告解，就不能得到神的寬恕；但是，只有這個聖事是**附加的義務**。因此，他們看待神與寬恕的關係與基督教徒不盡相同，但是寬恕的本質和理由卻是相同的。世界各地所有的基督徒都相信，贖罪這份苦差事耶穌基督已經為我們做了，而我們惟一的工作只剩下——衷心地感到懺悔。

在神眼中，是否真的有必須要符合這種「悲哀」的合理條件呢？有的，但其實他們並沒有這麼困難。首先，我們必須承認，我們做錯了一些事情。這不表示我們必須裝作我們不喜歡自己所犯的這些罪，或者假裝我們不願意再犯一次這個錯誤。我們不得不承認，它的確是一個「罪過」，而我們必須用一種負面的態度來看待它。我們必須真正感到遺憾的是，我們沒有聽從神的命令，並且使祂失望了——這個相同的神，我們欠祂太多太多，包括生命本身。除非我們是個最驕矜自大、又最自我本位的人，否則我們很難不作出一個真誠的懺悔。

接下來我們必須坦承，並且嘗試著不再犯下這些過失。你不能犯了搶劫罪，然後對神說「對不起」，等你策劃下一次的搶劫時，卻還奢望得到祂的原諒。你不能欺騙你的妻子，然後對神說「對不起」，等你盤算著下一次如何出門去赴一個偷情約會時，卻還奢望得到祂的原諒。這是所謂的「非分的想望」，對神並沒有任何益處。你必須試著用一部分的自己，來改變你的行為。這是你表達願意讓神改變你的一種信念；它必須是一個堅定的承諾，至少，願意嘗試不同的行為，嘗試著停止，轉過身，朝另一個新方向前行。

但是，我要再次說明。這裡的關鍵字是「嘗試」。人類是很脆弱的，我們經常會墮落。有些人終其一生，一而再、再而三地重複犯相同的錯誤。神也知道這一點。祂看著人類數千年來重複地犯著這些相同的錯誤，這並不是說神已經習慣這件事了，只不過當祂看著你一次次的墮落、犯錯時，祂再也不會感到驚訝了。假如你總是對特定的某個**罪**感到棘手，你經常犯這個罪，且因此經常覺得很不好受，那麼你可能會對自己是否能克服它存著很大的質疑，但那**不該**阻擋到你試著不再去犯這個罪的決心。你可能會發自內心地感到你的決心非常羸弱——甚至是有勇無謀的——但那並不重要。任何**絕不再犯**的決心，不論多麼不切實際，都將被神所接受。為什麼？因為祂對我們的軛很柔和，而祂身上的擔子是很輕的。

大家都知道，在電影《爸爸出走了》（*Our Father*）中有一句著名的台詞：「請原諒我們的過失，如同我們寬恕別人一樣。」這是什麼意思呢？大體上來說，神會用我們對待他人的仁慈方式來對待我們。這是神對我們寬恕別人的回報，我們絕不能低估它的重要性。我們必須去寬恕他人，不只是偶爾這麼做，不只是我們想做才去做，而是**無時不刻**都要這麼做。如果我們沒有對他人這麼做的話，那麼神也會用同樣嚴苛的評判準則來對待我們。因此，假如你是個鐵石心腸、冷酷無情的人，對那些冒犯你的人總是心懷妒忌和恨意，那麼在審判日（Judgment Day）來臨的那一天，你就得當心了。但是反過來說，假如你是個意志薄弱的人，總是重複犯相同的錯，但卻總是仁慈地寬恕他人的過失；那麼，就像耶穌基督所說的，你們的天父也會用同樣的方式來對待你。

這並不是為了避開戒律的某種伎倆或圓滑的方式，這是一個再清楚不過的聖經承諾：「憐憫人的人是有福的，因為他們要受憐憫。」事實是，當你開始自然地遵循神的律法，並把試圖原諒他人當成一種精神上的動力，神都會知道的。事實上，這只是其中的一個原因，祂將這個承諾擺在第一順位。

的確，原諒他人有時是很困難的。然而許多人們都誤解了此一觀點。他們認為這意味了我們必須對那些傷害我們的人，表現出溫暖和多愁善感的感覺。他們認為這意味了我們必須**喜歡**那些得罪了我們的人，或是那些對我們的家庭做了一些可怕壞事的人。他們認為我們必須**遺忘**那些曾在我們身上發生的壞事。這簡直是大錯特錯、荒謬絕倫！

寬恕有一種意義：希望一個人可以盡可能地變得更好——這意味著希望他們可以得到救贖並進入天堂。假如一個人傷害了我們，我們可以對他生氣，我們可以討厭他，我們可以選擇在我們生命中剩下的日子都遠離他。假如一個人背叛了我們，我們可能不願意再相信他，我們可能不再希望我們的關係能「像從前一樣」。而假設一個人犯了某種罪，我們可以竭盡所能地確保在法律證據俱全的情況下，他被起訴了。神絕不會對此表示任何意見。但在此同時，我們經歷了那些「情緒與感覺」，我們也必須在心裡「准允」這些有過失的人們最終可以與神和好，並到達天堂。這也許不是最完美的一種寬恕，但它將會奏效。這是神的「最低要求」，是祂會接受的。神所不想接受的，是我們想對某個人動歪腦筋，或者希望他被打入地獄。神獨獨為祂自己保留了這種判決。

而現在，有許多情況下，我們希望一個人能上天堂是一件很困難的事情。對於一個母親來說，去原諒撞死她小孩的酒駕司機也許是不太可能的。當嚴重的情緒干擾了我們想去原諒的本能時，神總能諒解的。而祂也願意對我們付出耐性。在這種特殊狀況下，寬恕一件事的最好方法，就跟我們接近我們生命中其他困難的事情一樣——透過慢慢增進，透過實踐練習。假如你想要練習舉三百磅的重量，你不會剛開始立刻就把所有重量放在槓鈴上。你會先用較輕的重量，然後慢慢地增加負載。

假如你發現你心中仍無法原諒那個犯了某種既重大又可怕的罪孽，並且傷害你的那個人，那麼就先從小的開始吧！原諒今天早晨在十字路口，在你上班途中阻擋你的那個人；原諒當你兌現你薪水的支票時，那個態度惡劣的銀行員；原諒你的父親對你做出殘酷的評論，並且把你當成孩子一般。努力去原諒諸多事物，最後，你將會發現，要原諒犯下那些嚴重罪行的人們，變得更容易了。重要的是，**養成寬恕別人的習慣**。

你看，當談到寬恕的這個問題時，神是很理性的。祂想要原諒你，祂急切地想要原諒你，祂找了許許多多可能的理由來原諒你。但祂也希望你能夠像祂一樣，也用相同的寬容態度對待他人。就是這麼簡單。

有些人們讀到這裡，會認為我看待寬恕的態度過於輕率。他們可能會認為我並沒有考慮到罪惡的嚴重性和規模大小；我並沒有真正地了解罪惡可能如何奴役、扼殺或者毀滅一個人的一生。好吧，我懂。我曾經也**努力**過。我了解一個可怕的罪惡會是什麼樣子，但是我也了解受難的意義。我能理解耶穌基督受難、死亡和復活的目的。而我也知道，他承受了這麼多苦難的唯一原因，是為了讓我們**現在**可以過得**更自在**。耶穌基督已經為我們做了最辛苦的贖罪工作了。

這是最後一次，你可以相信**罪**是世界上最巨大的邪惡，而神全心全意地討厭這件事。你也可以相信相同的這個神，早已準備好要寬恕和遺忘你所犯的過錯，速度之快，恐怕就在眨眼之間。這並不矛盾，而是一個歡樂的悖論，且不會用任何方式輕視罪惡的可怕。

一個更加合乎邏輯的問題是，假如得到寬恕這麼容易，為什麼人們不常常這樣要求呢？為什麼男人女人們沒有形成廣大人潮，蜂擁而至衝向神來告解他們的罪惡呢？我知道這個告解室中不會看到天主教徒，因為天主教視未滿七歲者為無行為能力之人；我知道幾十年來，新教徒們已不再對神說出這個懺悔和祈禱。為什麼這麼不願意說出這三個小字「對不起」呢？

當然有很多原因。有些人們並不知道神有多麼愛他們，有多麼願意寬恕他們；有些人們知道，但卻無法使自己去相信神，因為那實在是「美好到令人難以置信」；還有一些人，他們害怕面對自己過去所犯的錯誤，因為他們覺得那會帶給他們悲傷、痛苦和罪惡感。人們千方百計地逃避痛苦，我們努力地想隱藏我們內心的脆弱和缺陷。在任何時候，當我們發現我們內心有什麼會為我們招致許多痛苦時，我們努力地假裝它並不存在，或想掩蓋它、遮掩它。只要看看人們有多麼急切地想做出努力，去隱藏他們所發現自己外觀上的缺陷，就可以知道了——整形手術在今日已是一樁一億美元的大生意——假如這個小缺點使人們感覺自己很醜陋或沒安全感的話，他們願意用盡一切努力，來消除臉上的不完美。於是人們也用同樣的方式，來隱藏他們內在的缺陷。但不同的是，這不是動了整容手術或者搽上很多的化妝品就可以解決的，他們做了一些別的事——他們建立了各種各樣的防禦機制：他們生活在一個充滿否定的世界，用強硬的自尊來護航傷痛和被壓抑的記憶，他們盡可能地逃離那些他們認為對他們而言可能會成為一個潛在痛苦來源的物事，並且離得越遠越好。

但是這個策略唯一的問題是，**它根本沒有用！**最後，這些可憐的人們將會用一個更大的謊言收場。無論這是不是他們過去做的事，至今仍然縈繞心頭，難以藉著整形手術或化妝來遮掩。它就在那兒，在水面下，一年又一年地生長著，直到有一天，它變得如此巨大，如此真實，如此清晰可見，再也不可能隱藏它了。

這些人所不能明白的是，他們並不是孤單的。我們都在同一艘船上啊！我可能不會做你所做的事情，你可能也不會做我所做的事情，但是我們都做了**一些事情**。我們每個人都有自己獨有的缺點，自己獨有的傷口和自己獨有的罪惡。是的，有些罪惡會比別人的更糟，但是我們都患有某種形式的內部「出血」。我們每一個人，都會以某種形式犯錯；至少我們每一個人多少都會抱怨我們所擁有的麻煩。有的時候我們並沒有意識到，我們之所以擁有這些內部的創傷，是因為我們不肯承認這些症狀——一段失敗的關係、一樁破碎的婚姻、抑鬱的感覺、某種耽溺或難以戒除的習慣，因為難以成眠而養成對藥片、藥丸或酒精的依賴、各式各樣的官能障礙、恐懼症、不安全感，諸如此類，這樣的例子不勝枚舉。這種種的跡象顯示，他們的內在有些部分已開始不太對勁了。

當然，總是有一些人，他們拒絕相信他們身上有什麼不對勁。他們自我感覺良好，對你非常感謝！他們身上沒有任何的麻煩或傷口，他們沒有做出任何在生命中使他們感到罪惡、丟臉、殘忍、令人反感或噁心的事情。他們對於自己所做的事情沒有感到絲毫的尷尬或遺憾，他們當然不需要被「救贖」。根據他們所想，我們所討論的只不過是巨大又古老的猶太基督宗教陰謀論的一小部分，欲將罪惡強行加到眾人身上。但他們卻不會落入這個窠臼，他們也不需要因為什麼理由而被寬恕。

好吧，我很遺憾必須要向他們報告一些壞消息，但是，他們很可能是錯的。因為他們不僅是自欺欺人，他們也使自己的生活比現在更艱難和混亂一百倍。他們真的不明白，他們的行為——或他們死不認錯的態度，將帶來什麼後果。他們也沒有意識到，他們目前生活中所必須處理的許多問題，其實可以輕易地被解決，只要他們不要那麼堅決不肯承認自己心靈上的缺陷就好。

這些人們不明白的是，當他們渴望得到寬恕時，雖然可能會觸及傷口，但疼痛並不會將他們殺死。它不是一個支離破碎的怪物。無論結果是我們必須去面對過去的錯誤，或者承認現在的自己有多麼軟弱——傷痛會是可以掌控的，神很清楚這一點。事實上，到了最後，你將不會再感到「痛楚」，而是「釋然」。那一刻，當你對神說「對不起」，並且真心地了解到自己得到了真實而真正的寬恕，你將會感覺到，你肩膀上的重量立刻被減輕了。

記得一部電影《鬼靈精》（*How the Grinch Stole Christmas*）嗎？大家都知道這個故事的教誨。當鬼靈精（Grinch）偷走了呼呼鎮（Whoville）上所有的禮物時，他聽見了村民歡樂的歌聲，他漸漸明白，無論他對他們做了什麼，也無法阻止聖誕節的到來。他發現聖誕節背後有更多意義，遠大於玩具和禮物。但是你知道這個經典童話故事的另一個寓意嗎？所有被偷竊的禮物袋堆滿了鬼靈精的雪橇，這其實也象徵了一件事。它們象徵了鬼靈精的靈魂上壓著多麼難以承受的重量。當最後他終於看清自己的內心，真實明瞭到自己多麼貪婪、多麼卑鄙、多麼善妒時，他的心成長了「三種尺寸」，而他心中一直扛著的重擔瞬間消失了，就像是雪橇上的重量突然不見了，而他也終於可以解除所有煩惱飛回雪山坡，帶著勝利，回到呼呼鎮。

我們許多人也背負著相同的包袱，我們許多人也將沉重的悔改的罪惡背在肩膀上。當我們看看自己，承認我們的錯誤，最後終於在神面前懺悔時，感覺就好像所有的重量突然間奇蹟般地消失了。這就是向神請求的力量，就是這幾個簡單的字——「**神啊！請祢原諒我。**」——它可以消除你扛在身上的所有過去的罪惡、私慾、盜竊、好色、輕率魯莽和犯罪行為的重量。這個請求可能無法帶走這些行為的有害影響，但是在神的面前，你的罪惡將會消失。當你說著這幾個字，並且真心地這麼想的時候，你的靈魂將會變成一塊乾淨的石板——一塊光明的、嶄新的、閃閃發光且散發光澤的石板——而你可以任意在上面書寫任何東西。你將能恣意地從頭來過，你將能感覺新鮮——即使以前你也曾經「從頭開始」一千遍之多。

不誤解這一章節真正的涵義是很重要的。我並非企圖「軟化罪惡」，我也不是說，當你失敗時對自己感到沮喪是錯的，或者你應該滿足於你現在所擁有的既連續性又充滿常態性缺點的生活。我不是說你不應該設法自我提升、鍛鍊你的意志或者戒掉壞習慣。這一切你都應該要做，並且應該做得更多。但是，也是在此同時，你對待自己的態度，不能比神對待你的態度更嚴苛。在我們所生活的這個瘋狂、頹廢又享樂主義的世界裡，誘惑潛藏在每一個角落，而每一個人、每一個地方或每一件事，都很可能成為「罪惡之際」，很容易就把事情給搞砸了。硬要去否定這一點只會把自己搞瘋。你不可能在每次犯錯時都責打自己吧！——特別是當你擁有一個總是想要和顏悅色、善待你的神，而祂總是站著，以一種敞開雙臂的姿勢迎接你——每當你向祂道歉的時候。

請記得，一個好的基督徒**絕不是**從來不會犯錯的人，卻是一個每次都會懺悔的人。這意味著，在最後，一個成功人生的定義，在於我們總是願意**比我們所犯的過錯，多做一次的懺悔**。我們必須要將這個定義牢記在心，絕不能輕易遺忘。關於悔改，我們必須持有一份軍事性的狂熱。不論這個罪惡多麼重大，也不論我們犯了多少次，我們不能讓自己總是挨打，或總是意志消沉。我們必須要像溫斯頓・邱吉爾（Winston Churchill）看待戰爭一樣，面對罪惡和懺悔，擁有相同且精準的方法。在二次世界大戰那些最黑暗的日子裡，當納粹用他們邪惡的力量擊敗了大不列顛，邱吉爾就是這樣鼓舞他的同胞和公民：「絕對不要放棄——絕不、絕不、絕不、絕不……絕不要向看似擁有強大壓倒性力量的敵軍示弱，在海和海洋上戰鬥吧！在空中戰鬥吧！在海灘上戰鬥吧！在著陸的土地，在田野上，街道上和山丘上……絕不投降。」

絕不投降。絕不！這就是本章所要傳達的訊息，也是向神這麼請求時要傳達的訊息。就像是我在布魯克林區看到的那個被痛毆的小男孩，不停地被打倒在地，卻絕不願認輸一樣。即使我們不停地被打倒在地，我們仍然必須站起身來，繼續打鬥。就算我們跌倒一千次、甚至是**一萬次**，我們都應該拿出勇氣來告訴神：

「神啊，我知道我做了一些不好的事，我也因此覺得很不好受，但我不會就此感到灰心喪志。我很抱歉，我會努力試著不再這麼做。但是，假如我失敗了，我會馬上回頭，並重新開始努力。我老是犯下這個特定的過錯，次數之多可能已打破了世界紀錄；但是為了表達我的悔意，我也將打破另一個紀錄。畢竟，假如祢能原諒我那些不願服從祢的日子，那麼我至少也要試著做到，仁慈地對待別人。」

像這樣的祈禱，聽在神的耳裡，猶如黃鶯出谷一般動聽。祂不只會喜歡它，祂會**愛死它**的！就像我充滿敬畏地觀看那個小男孩在人行道上不停戰鬥，他忍受了所有的衝擊；當你堅持著、掙扎著，卻不曾失去信仰和信心時，神將會從天上看見這一切，並且真正地對你感到敬佩。也許你犯了極其嚴重的罪過，一次又一次，但是，當祂對你的靈魂做出仁慈的判決時，祂將不會再做任何事，除了微笑：「石板已被洗淨，大門已然敞開，負擔已經解除，罪惡已獲得寬恕——那麼，**再做一次吧！**」

第六章

神啊，請賜我真正的寧靜

好想擺脫壓力與焦慮纏身的日子！

神永遠會答允我們的十個請求當中，有一個就是：「**神啊，請賜我寧靜！**」畢竟，每個人都想要寧靜——寧靜地悠遊於天地之間；寧靜地居住在我們的社區之中；寧靜地享受天倫之樂；並在自我身心靈之中，享受到真正的寧靜。在這當中，最後一種寧靜可能是最重要的；因為假如我們沒有得到真正的身心靈寧靜，不論我們所擁有的東西有多麼美好，都不可能真正地享受生命。我們可以擁有青春、健康、美貌、金錢、一份羨煞旁人的工作和一個美好的家庭——但是，假如我們的生活裡充斥著壓力，那麼我們的每一天將會像噩夢一樣可怕。反過來說，假如我們得到了寧靜祥和，我們當然可以遊刃有餘地處理我們人生中所面臨的大小事。

我不了解你們，但是，我驚訝於有些人不論面臨了多大的暴雨肆虐，仍然可以處之泰然。他們就像一艘艘灌滿了風的帆船，平穩地在大海平面上航行。有些人天性就是如此，他們天生就顯得安詳放鬆、無憂無慮。他們所做的一切，都是緩慢而謹慎、悠閒而不匆忙——即使是他們說著話的樣子，也彷彿沒有人可以驚動他們似的。我覺得這是一種溫煦的性格，而我也確信，這是一種比較健康的生活方式。但是，身為一個典型的熱情義大利人，我根本做不到啊！

在我們當中，大部分人都受到日常生活中的各種焦慮所羈絆。我們生活在一個恆常的狀態反應之中——對那些數以千計發生在我們身上的外力產生反應：電視、廣播、朋友、家庭、工作、電子郵件、帳單、責任、時事、肉體的慾望、世俗的誘惑——甚至是天氣。我們不斷地受這些外力影響，被拉扯到各個方向，這使得我們無法維持平衡，也無法保持我們內心最為自在的寧靜。

所以我們該怎麼做呢？我們服用處方藥，來擺脫所有胃痙攣的感覺；我們購買像我可舒適發泡錠（Alka-Seltzer）和佩托比斯摩（Pepto-Bismol）之類的非處方藥，來消除過多的胃酸；我們喝酒、按摩、使用芳香療法、支付一筆龐大的金額給心理醫生；我們甚至嘗試將身體扭曲成餅乾狀，以達冥想之效！我們費盡一切努力，只因為我們拚了命地想從我們所居住的、充滿壓力、緊繃的社會中解放出來。

然而，即使耗盡了全力，我們的生活仍然難逃被焦慮吞沒的命運。為什麼？在現今文化中，究竟是什麼讓寧靜和秩序變得如此難以掌控？如同一九六〇年代的一首歌《給寧靜一個機會吧！》（*Give peace a chance*）中的歌詞所唱的，為什麼會這麼難呢？

我想，原因是人們對於「寧靜」抱持著相當錯誤的觀念。他們不僅將寧靜想像為一種可以透過心智鍛鍊和自律能力就能達到的一種內在的「心境」，他們還將它視為一種全然取決於外在事物的東西。換言之，他們相信，只要在符合「寧靜」的條件之下，我們就能感覺到寧靜；但當生命中出現了某些難題，我們自然又會感覺到壓力重重。

這兩種觀點皆不得要領，而且都沒有考慮到最重要的一個因素——神在這個「寧靜的過程」中所扮演的角色。想想你身邊那些總是與寧靜共處的人們，我這裡指的不是那些天性溫和、隨遇而安的人。我指的是那些熟悉生命中情感不斷變化的局勢及深深了解焦慮、恐懼和憂慮的一般人。然則，他們已用某種方式，找到一種深化內在和平的自然生活條件——不論在多麼困厄的情況下，他們都能發掘自我並且勇於迎接任何挑戰。

我們也見過一些這樣的人：一個被診斷為癌症末期的男人，卻還能昂首走出醫院的門診室，也已準備好將他剩下來的生命，轉化為他的家人哀痛欲絕之際重新振作的泉源；一個十幾歲的少女在一次車禍中不幸癱瘓，卻依然開朗、幽默且樂觀地面對痛苦的復健過程；一對在颶風意外下失去宅院的夫婦，卻願意付出時間和精力，幫助他們的鄰居重建家園。他們的動力究竟來自何方？為何當眼前的世界已支離破碎，他們卻依然擁抱著寧靜和祥和？

答案很簡單，就是信仰。很多時候，當你看見某人身陷一場可怕的危機之中，卻仍然沉著而優雅地應對一切時，你將會發現他擁有一股強大的信念和充滿積極祈禱的人生。是的，那也可能是一個隨處可見的無神論者，在面對逆境時他總能展現他巨大的堅韌，但這是此一規律的例外情形。強化精神性總能轉化為一種更偉大的內在寧靜，而原因就是這種寧靜——真正的寧靜——來自於神。這是直接來自於全知全能的神的一份禮物。

事實上，答案可能蘊含更多深意。真正的和平並不是獨立存在於神之外的，而是神本質的一部分。神本身就是寧靜的完美合一啊！我們可以從《聖經》之中看見這個真理。神在〈創世紀〉所採取的第一個行動，就是將寧靜從混沌中取出來。「在起初，」聖經上這樣說：「天主創造了天地。」接著，祂將光明和黑暗分了開來，將海和陸地分了開來，然後，祂創造了萬物以及各種生命。神創造的整個過程，都是按部就班地逐步完成的。剛開始，世界是一片混沌和黑暗，但是後來——透過神的巧手——世界成了一個井然有序，受物理規則掌控的和諧宇宙。

隨後，在《舊約》中的血腥戰爭裡，我們看見神不斷地賜予寧靜、宣揚寧靜、以及對人們承諾寧靜。無論社會如何殘殺肆虐、動盪不安，神的子民總是有機會獲得深厚的、恆久不變的寧靜。在《新約》中，耶穌基督也對祂的弟子們做出相同的承諾：「我將我的平安賜給你們。」（若望／約翰 14:26-27）祂之所以這麼做，是因為祂深深了解將來他們會有多麼需要寧靜這份禮物。在第一批基督徒中，數千人遭到殺害，一家人被無情地丟去餵獅子，或送入羅馬競技場中遭受折磨。然而這些男人、女人和孩子們，卻能夠帶著最驚人的平靜和沉著，泰然面對殘酷的死亡。

在《聖經》接近尾聲的篇章之中，另一個跡象顯示，寧靜和秩序正是神的性格之一。

經歷了受難日，耶穌基督的身體被用一條細麻布掩蓋，被放入棺木中。兩天之後，宗徒（使徒）們驚訝地發現，耶穌的身體已不在那兒。當伯多祿（彼得）在復活節的早晨進入了墳墓裡，他看見埋葬的殮布（細麻布）和覆蓋在耶穌基督臉上的汗巾（裹頭巾）已經分開了。在〈若望福音〉中，若望一一陳述這些迷人的情節：

「耶穌頭上的那塊汗巾，不同殮布放在一起，而另在一處捲著。」

想一想這意味著什麼。耶穌基督，所有基督徒們所相信的神，並沒有在祂死而復活後，就這樣神奇地出現在祂的弟子面前；祂也沒有在祂從躺著的石板上站起來後，就將祂身上的殮布與汗巾丟在地上。因為祂若這樣做了，不就表示在神死而復生後所做的第一件事，是將自己收拾打理、整頓好！

這是一個很微小的細節，但它背後的意義卻相當重大。記住，祂是創造宇宙、將黑暗與光明分開，並且從混沌之中帶來秩序的同一個神。當然，祂並沒有在祂復活的那一天，任由自己的墳墓一片凌亂。祂以一種讓萬事井然有序的方式離開，因為祂井然有序地對待每一件事情，祂是掌管秩序與寧靜的神。

這就是為什麼當人們企圖尋找寧靜，卻不照著與神同等的視角來看待事物，因而最後徒勞無功的原因。這樣做就糟了！因為神與寧靜是密不可分的。你可以閱讀所有你感興趣的關於個人發展的書籍，享受每一種在陽光下釋放壓力的方法，打坐、冥想……直到你臉色發青，但如果你想要得到的是寧靜，這些都是某種切斷與神的寧靜連繫的方式而已，是故，這樣的寧靜稍縱即逝。當慘事發生的那一刻，你的身體必然會失去平衡，你的生活也將會變得混亂、動盪不安，並且充滿壓力。

而這就是這個祈禱的來源。假如你向神請求希望能夠得到祂的寧靜，你不需要擔心得到的寧靜只會出現在你生命中的一個「階段」而已；你不需要擔心它是一種虛假的安穩感覺（好像一旦出現了麻煩，它就會瞬間消失），神是不會讓這些事情發生的。當你提出這個請求：「**神啊！請賜我真正的寧靜！**」祂將會立即動工，為你的靈魂打造一份真實的、恆久不變的寧靜——一種駐留在你體內，比起任何一份稍縱即逝的情感更加深刻的寧靜；一種有力量承擔任何危機、任何風浪與任何問題的寧靜。

那麼，完成這件事究竟需要花多少時間呢？

這得要視情況而定。先前，我們已經閱讀了本書中所討論的其他祈禱，不論你是一個怎樣的人，或者你過著怎樣的生活，對祈禱本身的要求而言都不重要。因為，即使你是世界上罪孽最深重的人，當你仰望天空，真誠地對神說：「**寬恕我吧！**」祂將會永遠在那兒，並且如你所願。即使你是一個說謊者或騙子，但當你對神說：「**請讓我看見祢的存在吧！**」祂將會迅速地給你一個預兆；即使你是一個善妒、好色、冥頑不靈，只會羨慕別人的老傻瓜，但假如你向神說：「**請祢讓我為人所用吧！**」祂將會派一些正在受苦受難的人們來到你的跟前，無庸置疑。

但是，這個請求——「**神啊，請賜我真正的寧靜！**」卻有那麼一點不同。神將會對你說：「好。」但是，你和祂之間的關係，大有可能會決定祂給予你回應的時機和清晰度。

讓我們這麼說吧，舉例來說，假如你請求神賜予寧靜，卻又在同一時間盜用了數萬美元的公款，你認為神會立即准允你的請求嗎？假如你正在和你最要好的朋友的老婆偷情，那又會怎樣呢？難道神會願意在那一刻給予你沉著和平靜嗎？假如你曾說著別人的八卦，並且誇大其詞、加油添醋，連你都記不得自己散播了多少不實言論，你認為神會立刻消除你所有的煩憂，並且對你所撒的謊都深信不疑嗎？當然不會！只要你做過這些勾當，你將會擁有許許多多的焦慮、恐懼和內疚感，不管再怎麼努力，永遠都處理不完——因為你罪有應得！神不會讓這些感覺消失。因為它們的存在只為了一個原因——幫助你，讓你想要改變自己。

這種人的祈禱神也依然會答允嗎？請不要懷疑，一定會！但祂會遵照祂的條件去做。祂無意促使人們生活在否定的世界之中，祂的「寧靜」並不是某種僅僅讓你自我感覺良好的既神奇又神聖的麻醉學。它是真實的，它是深奧的，它是恆久不變的，它是精采絕妙的。這也是為什麼你會請求祂賜予寧靜的原因，當你真正需要的是縫合傷口的縫線時，祂不會只給你一個邦迪創可貼（Band-Aid）；當你真正需要的是處理問題時，祂不會只幫助你掩蓋缺失。神會賜予寧靜給你，但是祂的做法，是幫助調整、重整和重新佈置你的生活，直到與祂的完美計畫相符。而這是需要一番努力的。

你看，我們所談論的這種寧靜，超越了一般簡單的情感。它必須先與神有所連結。歸根結柢，這才是寧靜的真實定義。這使你清楚地認知，不論你的周遭發生什麼事，事情都將會好轉，因為你正在做神想要你做的事啊！不論你的生活是否面臨了動盪不安和壓力重重的災難，只要你「真正地與神同在」，你便能永遠地接近神，並因而獲得祂所賜予的平安、歇息和平靜。

反過來說，假如你的作法悖離了神，那麼，不管你多麼努力，都不可能擁有寧靜的生活。為什麼呢？因為神正是寧靜的泉源啊！假如你背叛了神，你也背叛了寧靜本身。這是很有道理的，你的生活將會充滿混亂、壓力、擔憂和焦慮，它們必須存在。知罪犯罪，究其原因，就是排除寧靜。因此，想要釋放你生活中的壓力，很大一部分是取決於你如何成功地消除你和神之間的巨大衝突。

當然，事情並非永遠都這麼簡單。一段婚外情一旦開始，就很難說斷就斷；欺騙、說謊和偷竊一旦養成了根深柢固的惡習，就很難戒除；假如你多年來，已放任自己成為一個自私又自我中心的人，那麼要想變得無私，可能是一個艱鉅的任務。有的時候，我們無法勇於迎接那些改變自己的挑戰；有的時候，不論壞習慣帶給我們多大的壓力，我們都不願意改掉它；我們不會捲起袖子準備迎戰，相反地，我們試圖採用其他的方式「模擬」寧靜。我們建立了各種虛偽的「因應方式」，用來暫時舒緩我們的擔憂和緊張。根本上，我們試著創造一個表面的寧靜，因為真正的寧靜對我們來說，根本遙不可及。

舉個例子說明吧！假如你家的某一面牆開始顯示發霉的徵兆，你可以做一個選擇：你可以尋找最根本的原因，找出水是從哪裡流下來，然後塞住漏水的地方；或者你可以只是遮掩惡臭、蓋住裂縫和醜陋的黑色斑點來解決此一問題；比如說，你可以為牆壁上一層新的油漆。假如你這麼做，當然，這不是解決問題的根本之道，你只是用了緩兵之計。遲早有一天，牆壁還是會再次出現裂縫、發出惡臭和染上汙點。於是你還是得這麼做一次。你可以將它修好，或者你也可以選擇隱藏它：你可以在牆壁前面用一個大型家具擋住，你可以在房間點一些香氛蠟燭，並噴灑一些空氣清淨劑來遮掩霉味。這些補救措施若是都失敗了，你甚至可以在一面舊的牆壁上，安裝新的牆身石膏板。諸如此類的「因應措施」不計其數。

好吧。當談到我們的消極行為時，我們不得不承認我們有時候會這麼做。我們建構了各種虛偽的因應措施，隱瞞我們的家人和朋友，甚至我們自己。這樣的策略或許隱瞞得了一時，卻隱瞞不了永久。舉例來說，一個男人如果想欺騙他的老婆，他可能需要製造一個美滿家庭生活的假象，在鄉下買一棟有白色柵欄的漂亮房子。他甚至可能需要買一束花送給他的妻子，帶她去高級飯店吃飯，深情款款地告訴她他愛她。但這種情況持續不了多久。因為一段婚姻關係之中，若其中一方主動打破了神所建立的莊嚴誓言，就不可能有恆久的寧靜存在。即使妻子沒有發現丈夫與其他女子的出軌情事，這樣的寧靜依舊不會維持很久。他們的婚姻將會出現其他嚴重的問題，裂縫逐漸開始出現——無可避免地，就像黴菌在剛剛刷上新漆的牆壁上大量滋長一樣。

在建立各種虛偽的因應措施時，我們不免會感到自責和內疚。當我們在自己滋長黴菌的靈魂上塗上新漆時，都會感到內疚。問題是，有的時候當我們漆上太多虛偽的漆料，或鋪上石膏板時，我們都忘記了，最根本的問題應該擺在首位啊！而事情往往因而變得更加艱難。因為在這裡，神唯一能幫助我們的，是走進我們的生活，粉碎我們建構的一切虛偽之物！這就是為什麼在通往寧靜的路途中，不一定能一直那麼寧靜的原因。事實上它可能會相當顛簸。「徹底地改變你的生活」可能會是一個痛苦的經驗。而不幸地，有的時候在情況好轉以前，事情可能變得更糟。

嘿，請不要誤解我的意思，這些自我毀滅的行為並不是人們承受壓力的唯一原因。並非每一個為焦慮所苦的人，都會因為做了壞事而感到罪惡；也並非每一個想得到寧靜的人，都必須要徹底地重建人生。這個世界上有太多的人，性格善良、忠實而虔誠，卻將自己的人生過得一團糟。缺乏寧靜的感覺並不意味著需要懺悔。還有許多其他相關因素──不一定都與道德感有關。

有時候，人們因為身體上的病痛而「感到壓力」；有時候，則因為和朋友或同事起衝突而「感到壓力」。有時候壓力的來源純粹是生理上的──睡眠不足、工作過度或者不良飲食習慣所造成。更多時候，我們感到焦慮只是因為不良的心理習慣所造成──如不斷從負面角度著眼，而非正面思考──或者應該這麼說，擁有一種錯誤的優先次序觀念。試想，我們花了多少時間「在雞毛蒜皮的小事情上大費周章」，每一次當送咖啡的服務生動作太慢時，我們總是輕易地被激怒。

於是，許許多多的人們都患有神經失調的毛病。當遭受威脅時，大腦的自然反應機制將會起作用，也就是所謂的「戰鬥或逃跑」反應──思緒一團紊亂，人們會經歷所有「恐慌症」的徵兆：恐懼、心悸、呼吸沉重、暈眩、厄運即將來臨的預兆等等。

這一切都跟服從神所制訂的法則無關。它只與一件事情相關──我們都是懦

弱、反覆無常、並且無時無刻不充滿焦慮的人類啊！

不過，無論是什麼因素造成了我們壓力的來源，有一件重要的事我們一定要知道：向神提出這個請求仍然是有效的。神希望能引導你，到一條消除你生命中所有焦慮的最佳途徑上。這可能是祂幫助你重新評估優先處理次序的一種方式；這可能是祂為你長期家庭失和提供解決之道；這可能是祂激勵你開始從事一些練習計畫和壓力管理的方式；這可能是祂帶領你，到一位能精確診斷出你的恐慌症，並且為最適合你的認知療法開處方的專業醫生面前的一種方式。

可能神正在告訴你，別擔心了吧！在〈若望福音〉中，耶穌基督對祂的門徒們說：「你們心裡不要煩亂。」聖保祿（保羅）在〈斐理伯書／腓立比書〉中也重複說明：「你們什麼也不要掛慮。」這些不只是建議而已，**它們其實是命令**。既然想要指揮你的情緒是不可能的，那麼顯而易見的，真正的寧靜不可能建立在你的情感狀態之上。你想要「避免焦慮」的這個決定，只是一個「決定」罷了。你看，神從未命令我們去做任何事，除非祂賦予我們執行這項命令的權力。因此，我們更加可以確定，不論我們背負的「壓力」有多大，我們總是能夠得到解脫。我們所需要做的，只是請求神幫助我們，做出一個**將壓力從我們心底釋放**的決定，而這也會為神創造一個機會，使祂願意送一份名為寧靜的禮物給我們。

沒有人能確保這個禮物是什麼。重點是神——一切光明之源——祂很願意照亮你特定的疑難問題，並且用最快的速度帶領你，走向最有效的癒合途徑。

最重要的一點是，絕對不要拒絕那條通往寧靜的「路徑」。雖然許多人可能會這麼做，他們認為沉思和深呼吸都會帶來真實的內在寧靜，實則不然。這麼做的確可以舒緩你每天都會經歷的一些惱怒小事，但是它們絕對不能替代我們先前所討論的寧靜——清楚地認知到你是「與神同在」以及那份來自於知識學問的強大安全感。這有點像是你揉揉雙眼，想除掉眼睛裡的汙垢和灰塵，你可以將它們揉出來，使眼睛舒服一些，於是你可以看得更清楚。但是，你不應該錯誤地搓揉眼睛，影響良好視力。

《聖經》上一個著名的故事將此一觀點表露無遺。每個人都知道耶穌基督「涉水而過」的故事，但卻沒有人知道，這個故事主要的目的是教導人們學會寧靜的真義。現在，我將會完整引述這一個段落，因為這個段落直接指涉到我們所要討論的問題上。

到了夜晚，他獨自一人在那裡。船已離岸幾里了，受著波浪的顛簸，因為吹的是逆風。夜間四更時分，耶穌步行海上，朝著他們走來。門徒看見他在海上行走，就驚駭說：「是個妖怪。」並且嚇得大叫起來。耶穌立即向他們說道：「放心！是我。不必害怕！」伯多祿回答說：「主，如果是你，就叫我在水面上步行到你那裡罷！」耶穌說：「來罷！」伯多祿遂從船上下來，走在水面上，往耶穌那裡去。但他一見風勢很強，就害怕起來，並開始下沉，遂大叫說：「主，救我罷！」耶穌立刻伸手拉住他，對他說：「小信德的人哪！你為什麼懷疑？」他們一上了船，風就停了。船上的人便朝拜他說：「你真是天主子。」（瑪竇／馬太 14:23-33）

〈若望福音〉和〈瑪竇福音〉[1]中的這個故事蘊含了許多象徵筆法，濃縮為幾個短句，而其中的重點就是我們在本章中所要討論的。在這裡，伯多祿（彼得）和其他門徒扮演了一個相當重要的角色——他們代表了人性。我們所有人在一片驚濤駭浪中承受著折磨，就像我們在生命中必須面對龐大的苦難和焦慮一樣。然而，在狂風暴雨和動盪不安之中，神給予我們一些不可思議的、深沉的內在寧靜。當伯多祿走出了船，開始走向耶穌基督的那一刻，他的身子奇蹟似地懸浮於水面之上。在他身上沒有任何的力量，不管暴風雨有多強大，他卻仍然毫髮無傷。

但後來究竟發生了什麼事？他又為什麼開始往下沉呢？

讓伯多祿動搖的原因有兩個。第一個原因是，當他走向耶穌時，他突然停住了腳步。那時他走出了船，無所畏懼地向前邁進幾步之後，他發現自己站在海平面上，他突然停下腳步，內心充滿驚恐。就在那時候，他瞬間失去了站在浪潮上的能力。而我們也是一樣，在面對生命中的許多難題時，壓力隨之而來，我們試圖去「大量製造」自己的寧靜和安全感。基本上，我們不再走向神，並且試圖「靠我們自己的力量去做」。但是如同我們所看到的，神與寧靜是密不可分的。這兩者中假如你企圖只得到一種，而忽略掉另一個，那麼你注定是要失敗的。想擁有深層的內在寧靜，很重要的一個關鍵要素在於「與神同在」。而這也意味著，我們永遠都要努力朝神的方向靠近，盡可能地遵循祂的指令，在每一次的失敗過後，真心誠意地懺悔。

第二個原因是，伯多祿停止了他對耶穌的注視。他並沒有完全地信賴耶穌，相反地，他將自己的注意力轉到周遭的狂風暴雨上。那個時候，他開始感到恐慌——也就是在那個時候，他開始向下沉。同樣道理，我們也做了相同的事。在生

1 作者在此處結合了〈若望福音〉和〈瑪竇福音〉中的描述，讓他的意思能傳達得更清楚。

命旅程之中航行，我們相對地免於憂慮和苦難，突然間，暴風雲雨聚集，下起了傾盆大雨，而我們被困在其中。強風對我們吹著，海浪在我們周遭翻騰，那真的是一件很恐怖的事情！很不幸地，很少人可以避免這種情況的發生，我們每個人都必須承受這樣的苦難。無論你多麼睿智，無論你多麼富有，在這個世界上，沒有任何事物，可以防止「外在」事件對你的計畫萬般阻撓，那也是為什麼你絕不能讓自己寧靜的心境受外在事件影響的原因。當伯多祿將他的注意力轉向自己周遭所發生的事情時，他的目光離開了神。他的頭朝上望了望、朝下看了看、轉向四周、側著身體端詳，很快地，他被一陣陣恐懼淹沒了。他怎能不懼怕呢？在午夜時分，他獨自站在海中央，看著狂風暴雨肆虐。他知道自己毫無辦法、束手無策。

究竟我們有多常這麼做呢？有多少次我們眼見生命中的難題屢次發生，開始感到一陣陣驚慌？即使我們努力設法讓自己的外在維持鎮定，我們的內在仍然被壓力鯨吞蠶食。這樣我們不可能會快樂的。唯一的解決辦法就是，將你的目光專注地放在神身上。只有祂知道你最後的命運；只有祂能給予你在天堂恆久的快樂生活；只有祂可以給你生命之中，最真實的快樂。因此，當你越能將自己全然託付給祂的旨意，當你越能「將自己的焦慮全然地拋向祂」；那麼，你就越能經歷真正的寧靜，不論你周遭發生了什麼事。這就是古聖先賢們所指涉的，他們完全委順於神的時候。

朋友們，要將這一切過度地簡化或將它視為陳腔濫調，都不是難事。有時候，心懷善意的傳教士和自救專家所做的，不過就是以上這兩者。他們試著想將福音中的故事變成一種「如果你願意全力以赴，沒有什麼事情你辦不到」的動機論。他們試圖主張「生命中的難題，存乎一心」，而只要你擁有信念或擁有「積極的心態」，你便能將所有的煩惱一掃而空。嗯，我想人生並不像他們所說的這樣。苦難、動盪不安、衝突和優柔寡斷都是現實的一部分，我們必須對抗它們。你不能只是向神祈禱，然後期待祂會神奇地讓你的煩惱化為烏有。這並不是邁向真正寧靜的方法，這只是一種逃避責任的作法而已。

當不好的事情發生在我們或其他人身上，在道義上我們也被牽扯了進來。我們有打擊邪惡和減輕痛苦的責任，我們有正視逆境以及用全身上下每一個細胞和它奮戰到底的責任，我們必須付出我們的全力，去迎接這些外在的挑戰。我們不能允許自己專注在這些苦難上面，而忽略掉生命中最重要的事情——也就是我們與神的關係。

當我們將神放在心裡最重要的位置，那麼即使是在困境中的掙扎，也會帶領我們更加靠近祂。於是這也再一次印證了，**真實的寧靜**就是與神的結合啊！當伯多祿將心智、心神和靈魂全然地交付給神，他就能夠在海平面上行走。但是在水上行走，不代表他能夠平息海平面上的暴風巨浪，而是他能夠安然地置身浪潮之上，克服所有的難關。

這正是神願意為我們做的事。他很願意將寧靜之心賜給我們，引用《聖經》的話來說，就是「天主那超乎各種意想的平安。」（斐理伯書／腓立比書 4:6-9）無論我們的人生中將會遇見怎樣的難題；無論我們身處的局勢將如何惡化、面臨的苦難將多麼可怕，我們永遠都能用令人驚奇的沉著和風骨，來迎接任何挑戰。

假如你對這一點有所懷疑，也許你可以試著暫時拋開生命中所有的紛擾、緊張和嘈雜。我們的生活充滿了許多擾人的噪音，也許你可以試著閉上眼睛，暫時將世界的連結開關關閉一陣子。試著遺忘所有的難題、所有的驚懼、所有的細節和所有積壓在心上沉重不堪的責任和包袱。在第一個復活節早晨，只要短短幾秒鐘，試著將自己置於那個幽暗的巴勒斯坦之墳。現在，假如你能在那兒，只要在白晝之前，靜靜地端詳所有亡者復活，你將會看見什麼？

你將會看見宇宙之王——為了奠定世界的基礎，負責將星球置入軌道中的那個人；他也是最終負責掌管所有曾經發生過的活動、所有繁忙情事、所有喧鬧嘈雜、所有企業發展、所有動向、所有工作、所有能量、所有力量和所有如曇花一現般的短暫生命的那個人——你將會看見他輕緩地、有條不紊地，將他的衣服摺疊好，放置在角落一處；他悄悄地確保自己的墓室完好無損，然後，永久地離開了此地。

假如你向祂求取一些真正的寧靜與平安，你可以放心，祂的答案將永遠不變：「好的。」

第七章
神啊，請賜予我勇氣

好吧，我承認我很害怕……

你是否曾經注意過，有時候人們很願意承認自己的過失，他們總是很願意承認自己正承受某種生理或心理上的折磨，他們會承認自己「正承受極大的壓力」或者「已經被擊敗了」。他們不需要任何的刺激，就很願意坦承其實自己脾氣很差，或根本是個以自我為中心而冥頑不靈的人，人們甚至會心不甘情不願地承認自己「並不聰明」。但是，沒有人喜歡承認一件事——無論對他人或是他們自己——就是，他們可能非常「懦弱」。沒有人喜歡讓別人知道他們究竟害怕的是什麼。迄今為止，在所有的人性缺陷中，懦弱是最「熱門」的一個了。

事實上，大部分的人們都相信自己是個勇敢的人。當談到勇氣時，他們根本不認為自己需要得到神的任何幫助。當然，即使你碰巧是他們其中的一員，千萬別忽略掉這一章！恐懼是一門很大的學問，而這個請求：「**神啊！請賜予我勇氣。**」涵蓋了相當大的範圍。當你接近它，你會發現它可能是本書中，最重要的一個請求。

儘管如此，在我們開始討論以前，我想起了多年前，曾經發生在我身上的一件可怕的事。它幾乎涵蓋了這裡我們所要討論的重點。

我知道許多人都會害怕一些東西，但這個特殊的經驗倒是有些不同。我記得某一次，我剛結束一個約會，回到家時已經很晚了——也許已經半夜兩點或兩點半了。當我走進家門時，電話響了。電話在此時響起是一件很詭異的事情，我想我的脈搏當時一定跳得很快。接起電話後，才知道是弗蘭克・帕沃內（Frank Pavone）神父，他是我在鄰近的教區認識的一個神父。

我當時年紀大約二十幾歲，而弗蘭克神父一直試圖遊說我參與某個教會團體。幾個月以前，我曾向他詢問了幾個關於信仰的問題，而他一定是看穿了我什麼，因為他立刻開始要求我參加教區和教區學校各種各樣的志工活動。但在那個深夜，他的來電似乎跟這一切都沒有關係。

很顯然地，當我外出時，他已經試著找過我許多次了。當我終於接了電話，他的聲音聽起來像是鬆了一口氣。他接著告訴我一個相當奇怪的故事，聽起來似乎是教會中的一個家庭，聲稱在他們的房子裡遇到一些靈異事件。他們並沒有提到有人看見了什麼；但更令人毛骨悚然的是，在這棟房子裡，家具自己會移動，偶爾會聽見一些嘈雜和奇怪的聲音。他們向教會報告了這件事，並且要求教會進行一些驅魔儀式。

但是，教會並不會**只**進行驅魔儀式。即使真有此事（但這是很罕見的）他們必須在官方動作前，先進行一個冗長的調查過程。弗蘭克神父向我解釋，他見過這家人好幾次了，他們看起來是有那麼一點古怪，但他們絕對不是瘋子。在這棟房子裡，一定有什麼地方不太尋常，而這些都值得更進一步的觀察。

因為鬼怪多半都在凌晨三點左右開始行動，弗蘭克神父必須在那個時候，親自觀察究竟發生了什麼事。他要求我成為他們調查活動的一員，教會也允許他可以帶一個「隨行目擊人員」到現場，這個人的職責就是向教會遞交一份獨立報告。他撥電話給我，目的就是要求我擔任這個角色。

老實說，我從來都不認為自己是這個世界上最勇敢的人。我並不是承認自己是個懦夫，但是，這麼說好了：如果要我在一部喜劇片和一部恐怖片中做一個選擇，我是那種每一次都會選擇喜劇片的人。每次提到妖魔鬼怪，我都會感覺脊椎發冷。而現在，弗蘭克神父卻要求我成為某種「驅魔除妖前置作業」調查成員中的一員。

我必須立即做出決定，因為已經快午夜三點了，當時帕沃內神父已經在那棟屋子現場。我回答「好」，但卻憋了一肚子的不開心。這一切對我來說實在是太詭異了——深夜的一通驚奇來電，傳遞了疑似怪力亂神的活動訊息，而我必須馬上離家，前往現場，去聊聊那見鬼的靈異事件！我才剛剛開始決定要信教耶，難道我必須在剛剛決定自己的信仰後，就投入這件事嗎？這會不會有點太超過了！但是我又能怎麼做？當一隻落跑雞？

當我抵達那棟房子的時候，弗蘭克神父已經在私人車道上等待。他告訴我一些關於那家人的事，以及他們所提到的麻煩。弗蘭克神父一向守口如瓶，不會輕易洩漏他人隱私或私房情報。但是從他敘述這個家庭的種種，我可以感覺到他們的確有點奇怪。我們走上門廊，到達前門之後，隨即受到所有家庭成員的迎接——一位爺爺、兩位叔叔、爸爸、媽媽和兩個十幾歲的女兒；他們都住在同一個屋簷下[1]。當他們看見弗蘭克神父之後，就拉著他的手臂，將他拉進屋子裡，要求他給予一些祝福，以及做一些禱告。為了幫助他們，弗蘭克神父打開了他的《聖經》，並且為他們朗讀了一段《詩篇》。隨後，我們被領進了廚房，在那裡坐了下來，討論近期發生的一些「靈異事件」。

根據那位爸爸所述，昨天晚上凌晨三點半，他的大女兒睡不著覺，在她的臥室裡，看見鏡子裡射出一道奇怪的光。當她試著想要靠近那道光的時候，鏡子突然從牆壁上掉了下來，摔了個粉碎。緊接著，掛在對面另一道牆上的書架也翻了下來，

1 基於保護這個家庭的立場，作者在某些細節上，做了一些改變。

書架上的書灑落了一地。

雖然內心充滿狐疑，我仍然很有耐心地聆聽這一切。但是一直以來，只要提到「超自然」現象，我總是抱持著強烈的懷疑態度。花了幾分鐘聽完這家人的描述後，我開始覺得這家人一定是迷信的天主教徒之中，最糟糕的那一種。當他們十幾歲的女兒說，她認為鏡中的那道光線，開始變成某種「生物」的形狀時，我必須要極力克制我自己，才不至於說出一些冷嘲熱諷的話語來。

然而，待在這個房子裡，總是令人感到不太舒服。看來這一家人似乎真的很相信他們所說的一切。畢竟他們一點也不古怪，他們每一個人，不是還有一份工作，就是還在上學——即使是爺爺也還在工作。難道他們全都看過這些靈異現象嗎？再說，我也讀過一些被惡魔纏身或鬼怪侵擾的真實例子，對那些受到攻擊的人來說，因為這種事而讓心理變得不平衡這種事並不少見。魔鬼似乎喜歡和人類的心智來場遊戲，然而，如果人們在一開始就拒絕參與這個遊戲的話，這遊戲要開始就不是那麼容易了。當然魔鬼也善於製造混亂，把事情搞得一團糟。而因為我對這整個狀況感到相當困惑，我想，或許當時魔鬼正將它的角色扮演得很好呢！無論如何，面對這一切，我仍然保持一種開放的態度。

大概是三點十分左右，每個人都屏氣凝神地坐著，安靜地等待。廚房的桌子正對面，就是那間臥室，也就是傳說中「靈異現象」發生地點，發生了一些奇怪的事。臥室的房門被打了開來，而弗蘭克神父和我都調整了一下自己的位置，以方便我們能看見裡面發生的事情。這房子給人的感覺既幽深、又沉默、又詭異。弗蘭克神父一臉肅穆，儘管內心充滿了懷疑，我卻發現自己的內心感到更加恐懼。

然後，空氣中彷彿有種預兆。已經凌晨三點半了，當我的眼睛一動也不動地盯著臥房時，我看見了從書架上被吹下來的一張紙片，正斜斜地飄浮著，飄過了臥房，來到了地面。它飄浮的動作是那樣輕緩而自然，在那樣的狀況下，我的腦袋呈現一片空白；我只能簡單地安慰自己，應該是一陣微風將紙片吹到地面上了。但是，因為它正發生在眾人引頸期盼的那一刻，我們全都驚訝地跳起來了！我們聽到了像是書從書架上掉落的聲音。弗蘭克神父很快地躍過桌子，衝進房間裡。看到弗蘭克神父這麼神勇地衝進房間，瞬間也使我恢復了清醒的意識。我很快地尾隨他進了那個房間，但我卻無法不去注意到弗蘭克神父臉上的那個笑容——顯然，他對這一切還相當享受呢！

剎那間，我們兩人都抵達了房間正中央。我們兩個都停了下來，安靜地等待，眼睛朝不同的方向望去。我必須承認，此刻我害怕極了。難道房間裡真的有一個鬼嗎？假使真的如此，我又將面臨多少危險？說時遲，那時快，就在那一刻，奇怪的事情發生了——衣櫥的抽屜突然靠著牆，站了起來，櫥身向前傾斜；整個書桌（大概有四英尺長，三英尺高）朝我的方向移動了幾英寸，當它靜止不動時，發出了一陣難聽的噪音。我嚇得縮回雙腳往後一跳，幾乎撞倒了弗蘭克神父。我很快和他交換了眼色，說道：「這到底是怎麼一回事？」

但是有趣的是，就在那一刻，我懷疑的本能又恢復了清醒——也許那是一種抵抗恐懼的防禦機制——也或許是因為我身旁站著一位神聖的神父，使我內心頓時萌生一股自信——我立即做出一個結論：這一切真是愚蠢極了！我所看到的並不是某種超自然的東西，只是某種詭計罷了。這個家庭設計了一個騙局來耍弄我們，而我只不過是想將事情的真相弄清楚罷了。我馬上俯身趴在地上，看看書桌底下，是否有人將家具往前推進。結果什麼人也沒有。我檢查了書桌的兩側、書桌後方以及書桌下方，看看是否有人將書桌往前推——我還確認了房間的四個角落。情形還是一樣，沒有任何不對勁。我跑出房間，詢問神父這個房子裡是否有地下室。他指了指門的方向。我並沒有徵求主人的同意，逕自下了樓，試圖找出臥房下方精確的位置。當我找到的時候，我檢查是否有任何電線或滾輪，可從下方移動書桌，但卻還是一無所獲。我就像是一個企圖找出魔術師用什麼手法變魔術的人——但是我卻失敗了。

當我走上樓時，弗蘭克神父正在房間裡大聲禱告。當我在地下室的時候，並沒有任何奇怪的事情發生。那一晚，也沒有再發生什麼事了。

第二天晚上，弗蘭克神父和我又一起來到這個房子裡。毫無動靜。第三天，也是一樣。我對這個家庭的懷疑感又更加重了，也許是他們看到我在這棟房子四處走動，試圖揭穿他們所設計的騙局，於是決定放棄繼續愚弄我們吧。雖然我無法找出他們做這件事情背後可能的動機，但是我突然想到，是他們讓這整件事發生的耶。在我呈交給教會的報告中，我強烈建議，應該持續觀察這一切，但他們卻還沒有採取任何正式的措施，因為這當中有太多未解的難題了！

雖然有點虎頭蛇尾，但這的確就是故事的結尾。這件事過後的幾週，這一家人又向弗蘭克神父抱怨了一兩次關於其他不尋常的靈異事件，但事情好像就在那之後，悄悄地落幕了。結果一個多月後，他們選擇搬出那棟房子，那時神父也剛剛獲得了更好的工作機會。然後新的一家人搬進了那棟房子，再也沒有什麼不尋常的事情發生了。

好幾年過去了，對於那晚發生的事情，我依然不能十分確定。我想，就算時光倒流，一樣的事情再發生，我仍然會抱有懷疑的態度；但是我的心態會更開放，至少我會試著去考慮靈異事件發生的可能性。因為我見識過世界上太多真正邪惡的壞蛋，他們對惡魔和惡魔的活動反而故作諷刺狀。而且那張桌子真的會自己移動——我百分之百確定！

但是你知道嗎？對於這段記憶，我印象中最深刻的部分不是家俱朝我節節逼近的這個事實，而是我和弗蘭克神父之間的強烈對比。起初我內心充滿了恐懼，而弗蘭克神父卻一點也不害怕。在我有生之年，我永遠都不會忘記，當他衝進房間裡時臉上的那個笑容；他一手拿著《聖經》，另一隻手拿著十字架，似乎早已準備好與邪魔抗爭。假如在那個晚上，邪魔的力量現身，弗蘭克神父必定會勇敢迎接挑戰，心裡沒有一絲一毫的存疑，就算有，他和他的神也將會合力摧毀它。

到底這樣無畏的自信從何而來？在任何時候，假使我們都能獲得那樣的勇氣，那麼我們的生活將變得多麼簡單、而且快樂。大多數的人都沒有意識到這一點：並不是只有在面對危險的時候，才需要勇氣的存在——更有甚者，勇氣是整個道德秩序的奠基石與重要關鍵。

C. S. 路易斯曾說：「勇氣不僅僅是一種恩賜，更是所有恩賜通過試驗展現的一種形式，這代表了現實生活中的最高境界。」他這樣說，是依循著亞里士多德和托馬斯．阿奎那的理念，他們堅信所有美德——如果他們有任何實用價值的話——必須要帶著「堅定不移」的信念，才能夠為勇氣所扶持。換言之，假使一個人是誠實的、仁慈的、純潔的、寬宏大量而有氣度的，他必須先有勇氣，克服眼前阻擋你實踐美德的所有障礙。在某些時候，當強大的誘惑力在你眼前展現時，才正是勇氣最派得上用場的時刻。實際上來說，一個人必須擁有膽識，絕不輕言投降。

勇氣——或者說是膽量，它在生命中扮演了不可或缺的角色，它是抵抗邪惡時所必要的一種力量。你需要勇氣，才能遵守所有誡命，來面對身體上的危機，擊退來自理性或非理性的恐懼。你也需要勇氣，來和神經官能症和恐懼症對抗；擊敗令人沉溺的毒癮、堅忍地度過生命中的難關，和忍受痛苦。你需要勇氣以慎重行事、見證真實，並且敢於做大事。簡言之，你需要勇氣來幫助你面對一切困難。這也是為什麼邱吉爾寫道：「正確來說，勇氣就是將美德視為首要，所有美德皆立足於此。」也是為什麼富蘭克林．羅斯福（Franklin Roosevelt）說：「我們惟一害怕的就是**害怕本身**。」這兩位領導人都深深明瞭所有包含勇氣的重要性。

這也是為什麼我們如此幸運的原因。因為當我們向祂這麼請求：「**神啊，請賜予我勇氣！**」神永遠會對我們說：「好」。你知道幾乎在《聖經》的每一篇章中，神都要求我們要勇敢嗎？事實上，「不要怕！」、「不要恐懼」或者類似的變化，在《聖經》中出現了一百四十四次！而它們不只是建議而已，它們是命令。《聖經》不曾說「試著不要驚慌！」它會說「不要害怕。」；它不會說「盡你所能，勇敢一些。」而會說「勇敢一點，不要害怕，因為我會幫助你。」如同我們先前所說，除非神先賦予了我們遵循這個命令的能力，否則祂絕不會給予我們任何命令。舉例來說，祂並不期待我們每一個人都成為牧師或神父，因為祂並沒有賦予每個人扮演這些角色的能力，祂並不要求每個人書寫關於信仰的書籍或宣揚佈道，因為祂並沒有給予每一個人落實這些任務的能力。但祂的確命令大家都要具備勇氣，為什麼？因為祂給予了每一個人克服生命中所必須面對的恐懼的能力。

你看，勇氣並不是人們所擁有的一種技巧、天資或能力，它是一種天賦的禮物啊！沒錯，一個人可以擁有一種無畏的性格，同樣地，有些人天生就具備溫煦與安寧的本質。但在這裡，我們所談論的勇氣，遠遠地超過於它——它是我們性格上的某種附加物。托馬斯・阿奎那使用著名的神學理論「美德建立於天性之上」來解釋這個現象。它的意思是，神能將我們與生俱來的天賦、我們生活中的觀察和習慣，用超自然的方式，注入我們的靈魂。基本上，祂隨時願意使用更特別、更神聖的力量，為我們「注射」勇氣。

讓我們這麼說吧！當你必須在一群人面前演講，你因此感到相當緊張。曾有人說，在公眾場合上發表言論是全世界最令人恐懼的事情之一。那麼，當你的演講時刻到來，你可能已經嚇呆了；你可能會想要取消它、假裝生病或乾脆逃離現場！但是，假如你「與神同在」（如同上一個章節，我們所談到的）或至少試著想要接近祂，向神祈禱，請祂賜予勇氣給你；那麼無庸置疑地，神將會在那一刻給予你更多更大的勇氣。你可能仍然會感到害怕——直到你開口發言時，你可能還會大量地流著汗——但是，你可以安然地度過這一刻。神將會答應你的請求，而你將會安然無恙，你將不會出醜或感到丟臉。

我們都擁有不同的天賦和技能。有些人上台說話時神色自若，一點也不會緊張——他們天生就是能言善道的演說家。假如他們必須上台演講，他們並不需要神給予他們「額外的」勇氣。比起他們，也許你需要在你的天性上獲得更多的恩賜。

同樣地，當談到冒險犯難時，有些人們並不需要再三思慮。當他們看到建築物起火時，他們只會不假思索、迅速地衝進去救人；有些人則連考慮都不會——要讓他們承擔重大生命危險或可能失去性命的風險，那是完全不可能的。

問題是，後者描述的這種人——一個並非天性勇敢的人——和天性勇敢的人一樣，他們也擁有採取英勇行動的能力，只要他或她願意誠心地向神尋求協助。神擁有解決塵世間一切難題的能力，祂擁有幫助人們成為天性無畏無懼的人們一樣勇敢的能力。我們都見證過這樣的例子：一個懦弱、膽小、孱弱和脆弱的男人或女人，最後卻變成了一位最勇敢的大英雄。事實上，絕大多數贏得國會勳章的人們，他們的言行舉止，看起來一點也不像約翰・韋恩（John Wayne），這說明了什麼？很簡單，只要我們心無旁騖地走向祂、祈求祂賜予我們勇氣，神永遠都很願意為我們注入大量的超自然恩典藥劑。

這樣的例子，不是只有在面臨生命危險時才會發生。它也適用於任何需要勇氣支持的情況。當德蕾莎修女（Mother Teresa）最初開始照料加爾各答的痲瘋病人時，她經常無法克制噁心的感覺。她確實有好幾週的時間嘔吐、反胃。她原就不善於處理穢物和髒汙；但是她誠心地請求神賜予她勇氣。接著你知道發生了什麼事嗎？不久後，她親吻了那些痲瘋病人，她出自真心地擁抱他們、愛著他們、並用懇摯的心為他們淋浴、洗澡。神賦予她神聖的恩賜，使她得以克服所有衝動和噁心的本能。

在宗徒（使徒）們身上發生的事也是一樣。記得耶穌受難時他們如何應對嗎？他們遺棄了基督，拒絕待在祂身邊，盡可能地遠離祂。而這件事發生在他們親眼目睹耶穌將死人救活之後！這件事發生在他們親眼見到耶穌在水上行走，平靜了風暴、使魚類和麵包數量倍增、驅趕惡魔、展示了無數的神蹟之後。當然，他們不能理解究竟發生了什麼事，他們只是害怕自己也被釘死在十字架上。但是，在耶穌復活之後，他們用了什麼藉口來驅趕自己的懦弱呢？當耶穌真的死而復活之後，當他們再次見到復活了的耶穌和祂散發著金黃色光芒的身軀，他們的藉口又是什麼？就在那時候，他們看見耶穌穿過了牆壁行走！他們花了一個月的時間，陪伴在耶穌身邊，直到最後耶穌升天之前，他們還見證了許許多多難以置信的神蹟。

在這段經驗過後，你可以想一想——在他們親眼見證，即使是死亡也無法真正將耶穌擊敗之後——他們終於有了欣然面對自己所遭遇的迫害的勇氣。但是，他們是否從此開始宣揚佈道、治癒人們或傳播關於耶穌基督的好消息呢？不。他們私自將這一切藏在「晚餐廳[2]」。他們過著與世隔絕的生活，不再與其他人打交道。他們衷心地祈禱、等待著。直到聖神（聖靈）降臨主日到來，聖神翩然而至，降臨在他們身上，他們才走了出去，開始了宣揚四福音書的工作。歸根結柢，並不是偉大的神蹟使他們無畏無懼；也不是因為聽到了神願意拯救他們的訊息發佈，或甚至是花時間陪伴著神，都不是，都不是！——那是聖神自願贈予他們的禮物啊！當這些宗徒們從神那裡得到了勇氣，他們立刻離開了自己的潛藏之處，跑了出去，並且開始把握機會，昂然面對危險。

在上一章節，我們已經討論過戒除不良行為有時候並不容易——例如斷絕婚外情、不再說謊或談論別人的八卦、向壞習慣說再見。不管在任何時候，想要改變一個人都是很難的。這也就是這些**額外劑量的勇氣**這麼派得上用場的原因。我們都習慣我行我素地過日子，除了這些了無新意的理由，我們總是在慣常的作息中怠惰自我，甚而感到沾沾自喜。還記得慣性定律嗎？靜者恆靜，動者恆動。的確，當談到生活中的種種時，道理也相同，並非只侷限於物理學。對我們而言，當我們覺察到事情執行的困難度以及它將為我們帶來多少痛苦時，我們很難採取任何行動。諷刺的是，當你一步一步地去執行前面那令人痛苦的幾個步驟，一切將會變得非常快速，非常順利。第一次去健身房運動時，一定是最難的。特別是一個體重過重、身材走樣的人，他會找出一百萬種不同的藉口來推拒。第二個步驟可能就容易些了，但仍然有困難度。但是，你知道當第三個步驟完成了以後，將會發生什麼事嗎？那個體重過重、身材走樣的人，將會自動自發地想要去健身房運動。他迫不及待地想要去呢！在他明白這一點以後，再也沒有什麼可以阻止他前往健身房的決心了。原因很簡單，他先前所感覺到的慣性，已經轉化為一種動力了，而這種動力，是採取有效且持續的行動的一個最重要且必要的因素。當你虔心地向神祈禱請求：「神啊，請賜予我勇氣！」神首先會做的事情就是，不論是在身體上、情感上或者心靈上——當你感覺無精打采的那一刻，祂會勸你開始行動。祂將會輕輕地推一推你，使你不得不移開屁股，開始動作！

而這只是開始而已。一旦你得到了神所賦予的禮物——勇氣，它將不會就此打住，你的勇氣會不斷增長。所有的「美德」都是如此，它是益發強壯的「肌肉」，只要你持續地使用它，它的力量將會增強，尺寸也會增大。當你做了更多的鍛鍊，神也會給你更多勇氣。一個天性膽怯、害怕面對自己的陰影的人，卻能透過向神請

2 UPPER ROOM，即耶穌最後晚餐之處所。

求，開始感覺神為他「注入」勇氣，這是很有可能的。假如勇氣是可以被培育或者鍛鍊出來的，那麼，這相同的一個懦夫，隨著時間的推移，也有可能變成一個最英勇的聖人。

問題是，這種相互作用的方式也會從反方向進行運作，這就是當勇氣未被充分利用時，可能會發生的事情。有些人們終其一生都不曾請求神賜予他們勇氣，甚至也不願意在小事上「鍛鍊」他們的勇氣。然後，當他們面臨真正可怕的道德危機，和一種需要帶著勇氣，採取行動來度過這段疼痛難捱、犧牲奉獻和驚恐的時刻，他們會選擇崩潰。有時候，這些人會抱怨人生有多麼艱難，而基督宗教的命令、法規和誡律又特別艱深難懂。事實上，這些人只不過是許久不曾「鍛鍊」他們的**勇氣肌肉**罷了！所以任由他們的**勇氣肌肉**不論在道義上或心靈上，都長成了一種難看的形狀。著名的基督宗教辯護者G. K. 切斯特頓（G. K. Chesterton）曾說，基督宗教之所以讓人覺得難於實踐，並不是「經過嘗試，而發現到它的困難」，相反地，它應該是「被人們認為困難後，就遭到棄置，而不願再嘗試努力」。

在這裡，我並不是暗示，任何時候當你對於改變現況感到為難時，就代表你缺乏勇氣。這個世界上，有許多人對於克服自己眼前的難題也感到很挫折，然而，他們卻擁有勇敢的本質。但是不幸的是，天生的勇敢有時候是不夠的。就拿那些選擇自我毀滅，受毒癮誘惑的人們當例子來說，這些可憐的人們——他們的內在世界也曾是善良而美好的——現在卻遭受邪惡的魔爪所束縛。無論使他們上癮的是毒品、酒精、賭博或情色，試圖克服耽溺的癮頭，是一個人所面臨的掙扎之中，最可怕的一個了。

耽溺於一種毒癮，將會使你喪失思考事物的能力——包括對神的景仰。一個人一旦耗盡了所有的能量，失去了所有動力，所有的夢想都破滅了，你將會變成「被奴役、被控制」這幾個字眼最真實的字面意義那樣。逃避這些羈絆與打破這些束縛，都是令人難以想像地困難，需要擁有全世界最偉大的勇氣才辦得到。任何人都沒有辦法只靠自己的力量去完成這一切。雖然人們經常嘗試這麼做——卻得到了不幸的後果——因為結局多半都是相同的：完全的、徹底的毀滅、悲傷、絕望和最終的死亡。

約翰．克拉彼神父（Father John Corapi）在擔任神父之前，也曾染上嚴重的毒癮，他將面對毒癮的掙扎比喻為戰場上致命的殊死戰。假如你的對手居然能掌控那些讓你在抵抗誘惑時直接舉手投降的藥物或毒品，那麼，這場鬥爭的結果意味著什麼？很顯然地，你連一點機會也沒有。這就是面對毒癮時惡魔所運用的策略。一旦這個人「上鉤」了——無論那是海洛因、酒精、情色或賽馬——他將永遠無法在心靈生活上有所提升，更別提去幫助他人了。實質上來說，他已變得無能為力。

面臨各式各樣的恐懼時也是一樣。只要擁有其中一種或兩種以上，就足以使你感到麻痺、無能為力，雖然這不一定會使你成為一個懦夫。然而，這種非理性的恐懼就是如此——誰叫它是非理性的呢！但是，只要深刻明瞭到它的非理性面，將會使一切變得更容易處理。征服這些恐懼，需要很多、很大的勇氣。這個過程將會相當冗長，除非你天生就擁有一副鋼鐵般的體質，否則要度過這一切，將會是一條艱難而漫長的路。

在這些案例之中，當你請求神賜予你勇氣時，神會做的，就是牽著你的手，帶著你通過這段艱辛的過程。這當然也涉及了每個步驟，除了承認你內心的恐懼之外，你還必須了解，這世界上有許多其他的人們也正經歷著相同的困難，而存在於你身上的美好、良善和勇敢，並不會因此而減少一分一毫。你必須明瞭，生而為人的價值和意義並不會因為恐懼而有絲毫縮減；相反地，你絕對值得贏得更多的愛意和尊敬。

只是你必須弄清楚自己真正害怕的是什麼——這並不容易。舉例來說，假如你害怕飛行，你必須找出飛行的哪一個部分最讓你感到恐懼。有些人害怕高度，有些人有幽閉恐懼症，但是自己卻不知道——他們真的非常害怕待在一個狹隘又封閉的機艙裡。對某些人來說，這種狀況還算是可以控制的，他們只是不願意將自己的生命託付給機長並且全然地相信他；有些人則是擁有過於活躍的想像力，他們在心中不斷描繪著可怕的情景，無法喊停，即使他們已經抵達了目的地，心裡想的也不是他們即將擁有的美好時光，而是令人難以置信的、被扭曲和焚毀了的飛機殘骸。對這些人來說，與其說他們必須克服害怕飛行的恐懼，不如說他們需要打造一種足以控制思考模式的心智訓練。

除此之外，我們還必須擁有這樣的認知：當面臨特定的恐懼時，我們必須知道它將帶來短暫的痛苦——雖然這感受或許相當劇烈——它或許和長期的疼痛一般，肇因於恐懼所導致的無可奈何。有些人遭受公共場所恐懼症（Agoraphobia）所苦——這是一種無法面對公開場合的恐懼——一種要離開給自己信賴感與安全感的家庭時所感受到的痛苦。但是，他們真的了解不曾離開過自己房子的那種痛苦嗎？他們真的了解，有多少恐懼將他們緊緊捆綁在生活之中，一如他們對於自己所愛的人所造成的影響嗎？他們真的了解，因為這個恐懼而過著自我設限的人生，過著比他們原本該有的未來更卑微、更狹隘、更讓人難以忍受的人生，那種滋味有多麼難受嗎？不論你所對抗的是何種形式的恐懼，成功的要素之一就是**以長遠觀之**，假使你失敗了，那麼你必須取得明瞭失敗背後的代價將有多高的洞察力，這就是神想要賜予你的一種洞察力。

祂也想賜予你這個——堅忍不拔的精神。因為克服任何形式的恐懼都需要時間，在這條道路上一定是困難重重的，任何技術和心靈治療都沒有用，惟有尷尬和羞辱的感覺存在。也就是在那樣的時刻，人們很容易覺得沮喪和絕望。但是，假如你請求神賜予你勇氣，你就永遠不會絕望——你將不會失去夢想和希望，你將會獲得許多勇氣和力量，而當你得到這一切時，你將會帶著十字架——就像耶穌基督帶著祂的十字架一樣。托馬斯．阿奎那認為這是勇氣的最高境界：要有犧牲自己、承受苦難、以及處在一段長久的艱苦時期而「不感到氣餒」的能力。

你看，到了最後，耶穌基督用祂的犧牲畫下了句點。我們已經談論了許多人們用以克服恐懼的「方法」，但是，當面對難題的緊要關頭——我們可以這麼說，勇氣的核心——你將會明瞭，一個真正有勇氣的人，隨時隨地都做好犧牲自己的準備，而他總是渴望從事更偉大的事蹟。他之所以會這麼做，是因為他深深明瞭一切都歸屬於神啊！他知道他永遠都不會「失去」什麼——因為在最初的時候，他就不曾「擁有」過什麼。在人生旅途中，我們的恐懼莫過於害怕失去，失去那些我們認為自己有權力擁有的人、事物、地方、以及各種活動。但是，當我們真正相信神的統治超乎一切——即使是生命本身——那麼我們的靈魂之中，將會發生一些奇妙的事，恐懼也會消失，不復存在。

在著名的電影《北非諜影》中的最後一幕，亨佛萊・鮑嘉（Humphrey Bogart）將他美麗的情人英格麗・褒曼（Ingrid Bergman）與另一個男人送走，這樣他才能夠留下來繼續對付納粹分子。「我有我的職責所在，」他這樣告訴她：「我所要去的地方，妳不能跟從；我所要做的，妳不能幫助我。」鮑嘉的外表看似冷酷而絕情，最終他卻選擇犧牲了一切——包括他最愛的女人、一個繁榮的夜總會、他在卡薩布蘭加所獲得的名望和尊重——這全都因為他深深明白生命中還有更重要的事情：與邪惡力量抗爭的必要。

最後，這就是為什麼我們需要請求神賜予我們勇氣的原因。在生命中我們最想緊緊握住的——我們的財富、喜悅和安全感——以及我們害怕失去一切的恐慌感，這些都比不上我們和邪惡的抗爭。正如我們眼目所見，邪惡可以是表象的、以一種巨大的社會不公的行式存在，它可以是一種自然災害、一棟起火的建築物、或者是恃強凌弱的鄰里惡棍；邪惡也可以是潛藏於內在的，包裹著恐懼症、毒癮、癱瘓和身體疾病的外衣。不論這些特定的邪惡以何種方式存在，為了勇敢地面對它、並且充滿希望地征服它，我們必須懷抱著真誠，棄絕所有的恐懼。

「放手」（Relinquishing）這個字眼常在心靈文學中大量出現。它的意義與「放開方向盤」相同，如此，神才能有效地掌握一切；它的意義與釋放我們所有的不安全感、驕傲、自我和傷害相同，如此，神才能抵達我們身邊，用祂的力量填補我們內心的空虛。當面對人性的脆弱時，「少一點」自我，「多一點」對神的信賴，永遠是成功不變的公式。聖保祿（保羅）在他的一封信中曾經說過：「我的德能在軟弱中纔全顯出來。」因為當我們感到軟弱的時候，其實正是站在接受神惠賜的豐富恩典的最完美位置啊！當我們的內心為了自己天生的能力和技術而洋洋自得、驕矜自滿的時候，我們心中已經沒有多餘的空位再接受這份天賦的禮物了；等我們將內心的雜質「清理乾淨」，那麼神也才能夠賜予我們更多。祂可以走向我們，並且真正地將祂的精神和力量灌注到我們身上。祂可以隨心所欲地運用我們所能想到的高辛烷燃料，快速地幫助我們克服一切恐懼。

這個底線是，當你感覺自己對某種東西感到害怕時，不需要太過憂慮。事實上你應該開心！無論你是否想嘗試著鼓起勇氣做一番演講、或是搭上飛機、站在一個不受歡迎的立場、手無寸鐵地捍衛自己，或者搬離鬧鬼的房子——你內心的恐懼，其實只意味著你的內在具有成為英雄的潛在特質。因為神其實是「萬軍的上主」（萬軍之耶和華），這樣說吧，祂是所有「正義和勝利的戰鬥力」的掌管者和所有勇氣的源頭啊！帶著這樣的勇氣——祂所賜予的勇氣——那麼，再也沒有什麼力量可以阻擋你，即使是死亡，也阻擋不了！

這就是這個字最真切的意義，了解它，你將會無往不利。

第八章

神啊，請賜予我智慧

有時候，只憑一己聰明是不夠的。

有人說，神在我們的智慧中置放了明顯的限制，卻不曾在我們的愚蠢這方面下工夫。的確，在我的人生中，這樣的例子層出不窮，發生過好幾次！

神建立了這種方式，在某種程度而言是很不幸的。因為我們生活在一個以智力為上的世界，一個人的聰明與否，將會決定他的命運。想一想在當今社會中我們所面臨的無數挑戰，我們甚至還擁有許多長期困擾人們的煩惱呢——諸如心靈和精神的問題、愛和戰爭的問題，以及責任和榮耀的問題。這些擾人的煩惱一直尾隨著我們，而且還會跟著我們直到終老。但是除此之外，我們也必須和其他許多事物相抗衡，而這都是我們的祖父母連作夢都不曾想過的。在上一個世紀，科技爆炸和電腦革命已為我們的社會經濟觀帶來根本性的重大改變。時至今日，光是想著你的營生之道、終身付託、安居之處已稍嫌不足，你還必須為其他事情困擾，找出適切的解決之道，比方說：「我該怎麼做，才能夠同時擁有一份全職工作，又能扮演好一個媽媽的角色呢？」、「我該怎麼做，才能夠擺脫我的信用卡債務呢？」、「當我知道我孩子的朋友們都在做這些勾當時，該怎麼使我的孩子遠離菸酒、情色和遭受毒品的誘惑呢？」、「我該如何限制我的孩子，使他不致沉迷於電玩、電腦遊戲和阻止他與朋友在線上聊天呢？」

這些例子不勝枚舉。假如我們只要按下一個按鈕就能得到所有問題的解答，那該有多好！但是，這當然是癡人說夢。我們必須自己尋找答案——透過閱讀、聽CD、參與一些研討講座、或向專家請教。對於生活中的一切事物，我們必須靠自己的力量去學習和解決，因為生活已然不同，不再像過去一樣簡單了。但是你知道嗎？問題出在你對應的**策略**上，而它不一定永遠有效！事實上，有時候它還可能產生反效果呢！

你是否曾經見過，一個擁有二十張證書以及多種學位的大學教授，其實一點常識也沒有？或者一個著作等身、並於最負盛名的宗教學校中任教的神學家，卻否決了信仰中最基本的教義？又或者一個十數年來飽讀佛洛尹德、榮格和斯金納的心理學家，不但無法讓病人的病情好轉，卻還對其精神層面加以傷害？我並不是貶低學者、神學家或心理學家，我所想說的是，有的時候，經由教育將自己塑造成一個白癡，是大有可能的！

你看，「找出」正確答案的能力，並非永遠只有那些「善於讀書、考試」的人才辦得到；想要洞悉「事物的真理」，也不一定和你腦袋裡裝有多少學識有關係。沒錯，它的確能夠幫助你當個「生活智慧王」，但是光靠一己的聰明是不夠的，你還必須擁有智慧。

自古以來，人類尋求著智慧的果實。然而，人們至今尚未找到一個真正普遍被接納的定義。大多數的人們相信，智慧與一個人的能力有關。一個有智慧的人，能夠以知識、常理和諒解為根基，做出明智的判斷和決定。但它也包含了能在既定的情況下，用各種不同的觀點洞察事物真相的一種能力。不過，不論你如何定義它，有一點是肯定的：智慧是一種寶貴的稀世珍寶。

年輕人的成長過程之所以總是歷經艱辛和苦楚，這無疑是原因之一。除了必須面對一切情感上的風暴和生命中的不確定性，他們也期許自己能夠帶著最深切的智慧，做出一個明智的抉擇——而這種智慧，通常遠超過於他們的年歲，至少需要累積一些人生的經驗才能獲得。

試想，職業道路的選擇問題對一個年輕人來說，就已經是重大的難題了。實際上，錯誤的選擇，將可能毀滅一個人的一生。舉例來說，假如你有一個正在上大學的孩子，你會建議他怎麼做呢？當然，他們也可以去找學校裡的輔導老師，尋求問題的解答。你可以暗示他們試著去閱讀不同領域的專業書籍，你也可以將你汲汲營營、辛苦換來的智慧果實與他們分享。

儘管這些方法都相當有幫助，但卻沒有一個方法能夠充分地解決問題，沒有一個方法能夠保證他們做出正確的選擇。原因是，沒有一個專家或一個家庭成員、沒有一個教育機構或任何一本書，能夠輕鬆地預測你孩子的未來。沒有一個人可以準確地預估，在接下來的兩年、更別提未來的二十年後，將會發生什麼事情。也沒有一個人，可以準確猜出另一個人心裡在想些什麼。那麼，到底甚麼樣的工作可以讓你的孩子獲得最多的喜悅與最大的成就感呢？——即使他們到現在還不知道他們想要什麼。因此，儘管家人、朋友和專家們都願意協助他們，這些建議所能提供的幫助仍然有限。

但是，這裡有一個人能提供的協助，不受此限。這個人就存在於你的孩子心中，並且清楚地知道什麼能讓你的孩子感受到最大的快樂——因為祂創造了他們。而這個人碰巧也能預測未來——因為這一切也是祂所創造和策劃的。你真的認為，當人們試圖在選擇職業的關卡上做一個明智的抉擇時，向他人諮詢真的有用嗎？你真的認為他們能提供一、兩個寶貴意見——而這些意見連專家也不知道嗎？

此時此刻，神就在你孩子的命運之中。甚至在那一刻，祂看著他們的頭髮日漸灰白、成為年長的男子或成熟的女人。祂知道他們的故事將以何種型式終結：做出什麼樣的選擇，他們將會變得更好；什麼樣的選擇，將會萬劫不復；何者將會帶來好的結果，以及何者將只會導致災難的降臨。剎那間，祂已經把他們的一生看透——從開始到結束。假若他們轉而向神尋求指導或諮詢，豈不是更有意義嗎？不僅僅是職涯上的抉擇、還有生命中重要的大小事——包括向誰託付終身、居住地點、如何撫育子女，以及解決債務上的困難。

然而，你知道有多少人會定期地向神諮詢？有多少人在做出重大決定之前先祈禱，請求神賜予智慧？舉你的例子來說好了，你是否曾熱切地祈禱，請求神幫助你選擇大學的主修課程、選擇到哪一條街道散步、買房子或決定你的孩子讀哪一間大學呢？

不論從字面意義或隱喻上來說，人類的視覺都受到了嚴格的限制。讓我們舉例說明：我現在正看著桌上的飛機模型，我可以直接注視這座飛機，或者我能著眼於背後其他物件——意即我辦公室裡的其他東西。但是，我無法同時做這兩件事。假如我選擇看著其中一個，另一樣將會變得模糊不清，反之亦然。生命也是如此，當我們嘗試在任何一個已知的情況下，去「想清楚」該做什麼的時候，我們易於傾向將焦點集中在「該選擇短期目標、還是長遠的目標？」、「要還我們私心偏愛的、還是選我們周遭的美好事物？」、「該從『宏大的遠景』開始，還是從枝微末節的小事開始？」我們總是忙著想辦法平衡那些彼此對立的觀點。問題是，我們無法同時做每一件事；大部分時候我們無法達成目標的原因，只因為我們所使用的測量設備——也就是我們的雙眼和我們的頭腦——在剛開始的時候就已經擁有太多限制了。

神卻並非如此。祂的視線是全方位的，無所不包。假如有誰賜予了你智慧，這就是最佳的解釋。這是以神的觀點透徹了解世事的一種能力，用神的眼睛觀看塵世的一種能力。

正如我們剛剛所談到的，神就在未知的未來之中；祂知道發生在你身上的事情將會如何轉變；祂也能一眼看穿你未來的藍圖。祂也能預見你日常生活中最複雜難解的細節，祂知道現在的你正在經歷什麼——在每一個早晨、傍晚和黑夜，你所面臨的傷心難過、興奮狂喜，祂都知道。因為祂深深愛著你、對於你的一切感到興趣；不管是發生在眼前的、或在長遠的未來，祂對於你身上所發生的大小事以及它們將對你產生的影響，也投注了高度的關切。確實如此，正如《聖經》所說：「就是你們的頭髮，也都一一數過了。」（瑪竇／馬太 10:30）因此，當你用神的眼睛看待事物，你不但能夠由盡可能寬廣的視野看透生命之美，也能站在對你和你美滿的個人生活最有益且最優越的位置之上。

若能做到這一點，那就是神所賜予的、最棒的禮物了！更美妙的是，神希望你可以養成定期做這件事的習慣。智慧，是神早已準備好，隨時願意送給你的禮物。它並不是一個大秘密。雅各伯（雅各）將這份禮物描繪得更好：「你們中誰若缺乏智慧，就該向那慷慨施恩於眾人，而從不責斥的天主祈求，天主必賜給他。」

你看，神不只是智慧的泉源——祂就是智慧本身啊！在《舊約》之中，我們看見神將祂的智慧運用在許多場合上，而在《新約》中耶穌也是一樣的，祂使用特殊的方法來運用祂的智慧。在著名的〈若望／約翰福音〉序言中，福音傳播者稱耶穌為「聖言」（道）和「真光」。這些語彙，都代表了智慧。「真光」與理性、領會和真理有關；而「聖言」則代表了自我表達的概念。當人類在日常生活的對話和書寫中使用語言，他們表達了自己的身分、見聞以及與他們相關的事物。對神來說也是一樣。祂的「聖言」是祂對於自己身分的一種自我表達，而祂真正的身分——耶穌基督，神的一切透過耶穌基督的口述、教導、渴望和思考，總結了一切。這一點非常重要，因為這也意味著，智慧並不是某種遙遠、深不可測，而又難以理解的概念。智慧可以化作一個人。而且，擁抱一個真實的人，總比擁抱一個朦朧的抽象概念來得容易多了！

當你虔誠地請求神賜予你智慧的時候，也正是要求祂將自己當做一份禮物送給你。如同我們在本書其他地方所看到的一樣，這正是神一直渴望做的事啊！記住，精神生活的真實目標就是**與神同在**，而這可歸結為一份完美的精神生活。當你與神同在，你便能快速且直接地接近一切事物，也就是神本身——包含了安寧、勇氣、愛、智慧和真理。神希望你能夠擁有這些事物，他渴望人性能散發出祂的光輝，並且恆久不變地傳遞祂的話語。因此，祂想在每一個人身上灌注祂的智慧。這並不是一個艱澀難懂的神學思想，它只是一個簡單的常識而已。

你是否曾經聽過有人這樣形容某些人，說他們擁有「撒羅滿（所羅門）的智慧」？根據《聖經》所述，撒羅滿是有史以來最具智慧的一個人了。《聖經》中有許多篇章都讚許了祂的睿智。當達味王（大衛王）死後，撒羅滿成為以色列的統治者。一天晚上，神來到他的夢中，對他說：「向我祈求任何你所想要的吧！」撒羅滿苦思良久，他想到了身為一國之君所必須履行的各種不同的義務，以及擔任統治者所必須承擔的龐大壓力；於是，他請求神賜予他洞察世事的智慧，因為惟有如此，他才能夠將國家統治得更好。神聽到撒羅滿的請求後非常高興。神對他說：「因為你求了這件事，而沒有為你自己求長壽，也沒有為你自己求富貴，也沒有要求你敵人的性命……我必照你的話作，賞賜你一顆聰明智慧的心。」（列王紀上3:10-12）

當撒羅滿祈求神賜予他智慧的時候，神非常開心——若是我們提出這個請求，祂也一定會相當高興的。神准允了撒羅滿的祈求，而祂也將准允我們的祈求。唯一的問題是，神所賜予的智慧，真的能夠幫助我們解決難題嗎？那有任何的實用價值嗎？換言之，「**請賜予我智慧**」這個請求，已經為我們提供了在本章節開始時我們所討論問題的一個答案——比如這個問題：「我該如何同時兼顧一份全職工作，和全職媽媽的角色呢？」

這個答案當然是肯定的——只要我們謹慎小心地運用和撒羅滿相同的智慧。撒羅滿詢問神，該如何將他的王國統治得更加完善；但是他這麼做正是因為他想更好好地服侍神啊！在他請求神賜予智慧的祈禱背後，蘊含了更多對神的信仰以及與神緊密同在的強烈渴望。同樣地，當我們希望自己運用神的智慧並且在日常生活中加以實踐時，我們必須確保我們最終的目標就是更實際、更有力地服侍神。

讓我們這麼說吧，舉個例子，當你正在債務中掙扎。很顯然地，神可以指引你一條擺脫經濟困窘的道路。畢竟祂可以創造行星和恆星，祂當然可以為你想出一個繳電話費的方法啊！假如你請求祂賜予你一條解決之道，祂會引領你找到一個最棒的答案，但是，這個答案的清晰度和速度將會視情況而定，而這個部分，絕大部分的決定因素在於——你的**態度**。你想擺脫債務的理由究竟是什麼？難道僅僅是因為你厭倦了收藏大量帳單的滋味？又或者你想要在自己身上花更多的錢呢？不管你的動機是什麼，這些都沒有錯。但是，假如你請求神的幫助，或許你該改變你的想法。如果你目前最大的焦慮來自於經濟困難，而這份焦慮已經對你生活中的每個層面（包含你的精神層面）造成消極負面的影響，那麼，或許只要擺脫債務，你就能開始過著更為虔誠的生活。如果這個假設成立，那就沒問題了，請盡可能地讓神知道你的情況吧！請向祂保證，你會盡力讓自己更加的為神所用。不過我並不是說，你必須與神做某種形式的交易。神絕對不會做「交易」這種事情。但是，假若你希望神幫助你擺脫債務方面的壓力，那麼你也該為了得到渴盼已久的債務自由，盡力達成神的期許。而神的期許，就是確保你的生活和祂緊密地結合在一起，這樣你才能到達天堂。當你向神祈禱，請祂賜予你智慧時，試著在心中思考這些部分，而不

是只為了糟糕的經濟狀況唉聲嘆氣，你就一定能得到神給予你的回應。

而現在，神提供給你的解決方式可能並不是你所喜歡的——但它可能是世界上最容易且最愉快的一種呢！它可能是要你走出家門、讀讀關於經濟責任和投資理財的一些好書，然後去實施這些策略；它可能是要此刻也很缺錢的你，仍然向慈善機構捐出一筆款項；它可能是要你與專家學者坐下來聊一聊，敲定一筆可行的預算，然後義無反顧地執行；它可能是即將獲得另一份工作，來增加你的收入。如果你試著做出這些努力，它也可能意味著你必須再三地嘗試，而這一次有了神的幫助和些許的信心，一切都將會變得更加美好！你說是嗎？

不論你試著想解決的是一個經濟困境、家庭問題，或是與工作相關的難題，解決問題的關鍵都是相同的，那就是持續地向神祈禱，請求神准允你用祂的雙眼看待事物。神的眼睛是全能的，祂們不僅可以預示未來，更可以透徹地洞悉萬物。因此，當我們難以抉擇最好的行動方針時，理由往往是因為我們被許多小細節、可變因素、以及一個困難重重的環境給侷限住了，再加上人類通常像是一種矛盾情感的混合物。這不一定代表我們缺乏實踐力，只是我們太容易在一團迷霧之中，迷失了自我和判斷能力。幸運的是，神的眼睛能夠為我們撥開迷霧。神的眼睛總能看穿所有與事實毫無關聯、而且令人分散注意力的枝微末節；神的眼睛能用一種極其敏銳的、如鑽石般閃耀的清晰思維，看穿事物的核心；這也終將使你明瞭什麼才是你所該做的事。

而這份了解，也會為你帶來一些美好的收益——讓你足以看見一道特殊光芒的能力：一道源自於天堂、在人世間鮮為人知的光芒；穿過好幾個世紀，惟有天才、藝術家、作家、以及幸運者才能瞥見的一道蘊含創造力的禮物之光；被視為靈感的一道光源。因為當你透過神的眼睛來觀看塵世的一切，你將會看見許多解決問題的可能性，而這些靈感在一般平常的情況下你絕對想不到。靈感會在猛然間撞進你的腦袋——一個絕妙且棒透了的想法，一個改變生活的想法、書寫的靈感、工作和企劃的靈感，解決問題的靈感，使神在地球上打造的王國變得更加美善的靈感。

靈感、清晰的思維、注意力、知識——這些都是智慧的果實。然而，更重要的一點是，你必須了解它們全都沒有所謂的**神聖不可侵犯性**。事實上，存在於這些禮物中最常見的副作用之一，就是驕傲。你或許擁有了這世上最鼓舞人心的洞察力和見解，但你總做的事情卻總是讓神惱火。相反地，真正的智慧永遠都能引領我們取悅神。撰寫偉大的心靈經典《效法基督》（*The Imitation of Christ*）的作者托馬斯・

坎佩斯（Thomas à Kempis）曾說：「即便你已經了解三位一體的真義，但你卻觸怒了祂，那又有什麼意義？」

我不知道你會怎麼做，但我曾多次掉入這個陷阱之中，無法自拔。當你能將《聖經》中一些美麗的詩節背誦出來、或者寫出一些關於信仰教義的獨到見解，你很容易開始自誇自滿。然而，一時做出驕矜虛偽的行徑，之後便滿心愧疚地懺悔是一回事；但若使它變成一種生活的方式，又是另一回事了。我知道有一兩個這樣的人，他們擁有豐富的神學常識，然而他們的言行舉止卻經常令人感到厭惡，他們驕傲、惡毒，並常以正人君子自居。原本我並不相信有這種事，但事實上真的有！這些人（感謝神，這些人的數量並不多）就好像《聖經》之中自恃清高的法利賽人一樣，他們了解一切的法律條文，但是他們卻在任何可能的情況下盡可能地違背其精神。他們忘卻了最基本的《聖經》禁令，即是「敬畏上主，就是智慧。」（約伯傳／約伯記 28:28）用耶穌基督的話語來說，他們就好像「刷白的墳墓，裏面卻滿是死者的骨骸。」（瑪竇／馬太 23:27）

這樣說吧！當追求智慧時，你必須非常謹慎，這一點是很重要的。事實上，當你做神學研究時，你必須更加審慎、用心才行。我之前提過，神學不像是其他學科；當你取得文學、科學、歷史或者心理學碩士學位，這份文憑已足以證實你在此領域中達到了專精和熟練的境地，但是神學卻不是如此。你永遠不能掌握這個學科——相反地，祂凌駕於你之上！假如你真的全然地了解何謂神學——了解所謂全能的神的一切奧妙真理——你就再不可能獲得優勢來主導它（神學）了。事實上，在神學這一門學科的面前，你應該永遠謙卑、虔誠而順從，就如同你對神的態度也應該永遠謙卑、虔誠而順從一樣。這就是為什麼耶穌選擇用祂自己的方式，選擇了一個最平凡的勞動者作為祂最親密的門徒的原因了。祂清楚知道，比起讓一個知識菁英變得虔誠，讓一名稅吏、漁夫與一個真心懺悔的妓女散發出聖傑的光輝要來得容易多了！

但是，如果你能夠一一驅逐精神上的驕矜自滿，那麼你所獲得的智慧，終將給予你生命中許許多多美好的優勢。它將給予你能量，使你看見事物原本的面貌；它將給予你對於事物的深刻理解力——不論是對於你自己、其他人或是神；它將給予你辨別善惡的能力；祂也將給予你把知識的力量運用在其他事物上的能力。或許，這些美好的事物，都將發生在你的身上；不只如此，它也會提供你一條最驚人的捷徑呢！

我所指的捷徑是什麼呢？有人說，人類獲得知識的方法有兩種：一種是透過經驗、學習和發問，另外一種則是「提綱挈領」地掌握它。當艾爾伯特・愛因斯坦（Albert Einstein）老邁時，有人問他最初是如何制訂他的著名理論的。他回答，當他還是個年輕人的時候，曾經瞥見一幅宏偉願景——這幅願景刻劃了崇高的美麗幻象，也刻畫了相對論的識見——於是，他便用他的餘生，試圖為我們描繪並解釋他那段短暫時刻的驚鴻一瞥。

對我們來說，與智慧的不期而遇也是如此——在電光石火的一瞬間，恩典的光輝傾瀉一地。帶著一顆開放的心，迎接神的啟示；然後，依循著祂所指引我們的方向行走，不需要耗盡一生的歲月，也能獲得值得珍藏一輩子的智慧。在這段追求智慧的旅程中，我們已逐漸能避開人生中各種即將面臨的可怕問題。

這個世界上，有許多人內心充滿了欲望。不是指性愛，而是更為不堪的——「地位」。這些人願意花費十倍的金錢，來換取一個不必要的頭銜，原因只為了他們想要給人「富有」、「時髦」或者「有名」的感覺。當然，喜歡體面的事物、甚至短時間沉迷於小小的個人表現，這並沒有錯，那是一種無傷大雅的樂趣——只要你深刻了解何謂真理。而真理就是，所有地位的象徵——不論多麼昂貴或廣受歡迎——都是華而不實的，一點也不值錢。令人遺憾的是，許多人終其一生都無法學到這個教訓。然後到了最後一刻，當戲落幕了，他們才猛然驚覺他們已將神送給他們的寶貴時間，浪費在一些無謂的盲目追求上。如同托爾斯泰（Tolstoy）小說中的人物伊凡．伊里奇（Ivan Illyich），他們都不得不承認，自己的一生「完全失敗」了。如果這些人很早就開始向神祈求賜予智慧的話，也不至於犯這麼根本性的錯誤了。為什麼？因為基督宗教的中心思想就是謙卑和自我犧牲——而這兩種特質，正與虛榮心、驕傲完全相反。

同樣的，一對相處多年的夫妻往往會告訴你，幸福婚姻的關鍵就是一個字——讓。你必須學會相互忍讓、互相尊重對方、如何為了你的伴侶犧牲自己的私人欲望。他們會告訴你，這是他們花了好長、好長的時間才學會的一個真理；他們認為在前五年左右，婚姻是一場激烈的打鬥；到了最後，他們都厭倦了互相傷害，而開始學會互惠合作。這是一個很棒的忠告。惟一不同的是，你不必像貓狗大戰那樣打鬥才能明白這個道理，它正躺在福音書和聖保祿（保羅）的信件之中呢！在一樁婚姻之中，愛的意義就是將你自己、你的身體和靈魂，完全地奉獻給你的伴侶。婚姻的旨意就是將神賜予我們的愛，以一種更深刻的方式反映出來，並為我們帶來一份全新的生活。這份神賜予我們的愛會延續多久呢？會**直到我們生命的終結**。這是多麼偉大的愛啊！而這也是一個丈夫和妻子所必須遵守的愛。可以確信的是，當一對年輕的夫妻，在每一個夜晚一同潛心地請求神賜予他們智慧，不久後，他們將會擁有最深刻的洞察力，而假若他們用心地將這一切付諸實現，他們就不會繼續爭吵，取而代之的是相親相愛和相互珍惜。

同一個道理，你應該常聽年長者說：「世界上最重要的，莫過於健康了！」在他們的垂暮之年，可能已經歷了一些健康問題，並從而了解到生命中一切美好的事物——包括金錢、財產、假期……諸如此類，如果你無法享受其中，那它們對你而言實在沒什麼意義。畢竟，如果你患有心臟疾病、擁有一條瘸腿，或嚴重的關節炎使得你無法自在行走，那麼就算你的銀行帳戶裡有再多的金錢，又有什麼意義呢？然而，同樣這些人裡的大多數，長年抽菸、酗酒和暴飲暴食，摧殘自己健康的身體。難道他們真的要等到罹患嚴重的疾病，才能了解健康無上的重要性？當然不必！你是否曾經聽過：「你們的身體是聖神的宮殿。」（格林多前書／哥林多前書6:19-20）而這是《聖經》所告訴我們的，它已是亙古不變的道理——早在當今的減肥熱潮和時尚運動之前就已被廣泛提倡了！聖神的宮殿不只是一種建築物，它更是一個神聖而聖潔的所在——一個要以至上的榮耀和尊重來看待的地方。假如身體是一個聖殿，那麼很明顯地，它應該被細心培育、悉心照料、並以合理的方式對待。不必等到六十歲，你就可以明白這層道理；你不需要聰明絕頂，就能了解這個教誨不僅和你的體重減輕了幾磅有關係，更關係到整個身心健康問題；你不需要動用一丁點的精神智慧，你只需要拿出勇氣，將它付諸實行即可。

好多年前，我曾經參加一個因自殺而死亡的女孩的喪禮。她曾吸毒，並且患有一些心理障礙。喪禮快結束時，我向女孩的母親道別，她抓住我的胳膊，淚水在眼眶中打轉：「今天晚上，一定要抱抱你的孩子！請一定要這麼做，並告訴他們你有多麼愛他們。這件事非常重要！」可悲的是，她不曾告訴她的女兒她愛她；而現在，她再也不能這麼做了。她將這個令人心碎的建言傳達給我，在我還有機會不步上她的後塵的時候。

再次同理可證，難道她非要在亡羊補牢、為時已晚之際，付出這麼慘痛的代價之後，才能獲得智慧嗎？假使她長久以來都不斷地向神祈求智慧的賜予，神是否可能給她一段寬限期，使她明瞭敞開心胸而充滿愛的溝通是多麼重要呢？有沒有可能這位總是鼓勵我們透過祈禱和祂溝通的神，會早一點鼓勵她向她心愛的女兒表達情感呢？

這些都是生命中最基本的要點，但它們卻是如此地重要。我的意思不是說，只要你誠心請求神的啟迪，你就能神奇地避免人生中的苦難和不幸，沒有什麼可以阻止它們發生。我的意思也不是說，透過經驗來獲得智慧是一件糟糕的壞事。事實上，人生旅程中的冒險之趣在於經由犯錯，並從錯誤之中學習。但是，從錯誤中獲益是一回事，虛耗幾十年的光陰來找尋唾手可得的真理，可就大不相同了。

而這一切端賴於你所做出的選擇。你想怎麼學習生命中這些重要的事情呢？難道你真想永遠從失敗與痛苦的經驗中學得教訓？你真的想要浪費你的人生，不斷地重蹈覆轍？難道真要等到白髮蒼蒼、衰老多病的那一天，你才終於開始要用正確的方式——也就是神的方式，來看待事物嗎？

還記得羅伯特・佛羅斯特（Robert Frost）最著名的那首詩〈未走之路〉（*The Road Not Taken*）嗎？

> 樹林裡，有兩條分岔的小路，而我——
> 選擇了那條人煙稀少的道路行走，

一切的結果，將不再相同。

請求神賜予智慧，如同選擇那條人煙稀少的道路。在人生旅途之中，許許多多的人們都會選擇一條較寬敞、較長遠的道路。但是你沒有必要這麼做！

你不需要等到子女離去，才明白表達愛意有多麼重要；你不需要等到罹患重症，才明瞭自己高估了財富和聲望；人生中最重要的不是對自己的愛，而是對神與身邊之人的愛。你不需要犯下一百萬個錯誤，或者活到一百歲，才能學習到最寶貴的生命課程。

一個年長的人不能夠「揮霍」智慧，正如一個年輕人不應該浪費青春。智慧，適用於每一個人，而且完全免費！你所需要做的，只是依循神所提供的捷徑行走；你所需要做的，就是虔誠地向神祈禱、向神請求。

第九章

神啊，請帶我遠離絕境

我能不能再快樂起來呢？

「**神啊，請帶我遠離絕境**」是全宇宙中最強大的一個祈禱——這也是神永遠會答應的一個請求——但是，它也是最難提出的一個請求。因為當我們身陷苦難時，很難從容不迫地考量到那些潛藏於未來的美好事物。畢竟我們此刻面臨的疼痛銳利難當，更顯得未來是如此虛無縹緲、遙不可知。這就是為什麼俗諺會說「睜開眼看看事情的光明面吧！」或者「黑暗中總有一線光明」，這也是為什麼當我們聽見這些話時會感到厭煩，甚至略微不耐煩的原因。

然而，諸如此類的老生常談，若非有它一定的道理，不然也不會被人們相傳至今了。在人生中的某些時候，人們會發現，一些看似不好的事情卻會帶來好的結果，有時它甚至能**引領**他們找到方向。事實上，有的時候如果不是因為我們經歷了這些不好的經驗——像是失敗、屈辱和悲劇——那些最棒的經驗就未必會在我們的生命中出現。完整的個人發展和自助過程，都建立在這個原則上：沒有所謂的不好，除非我們**認為它是不好的**；這世上沒有所謂的「難題」，只有「考驗」和「使自己變得更好的機會」。

世界上有成千上萬、甚至或許有上百萬個故事，講述這些故事中的人們在經歷可怕的磨難之後，反而找到了更強大的信仰、力量和勇氣，使他們得以昂首闊步，最後終於戰勝了那些發生在他們身上的悲劇。個人成長專家和激勵人心的演講者經常用這些故事來鼓勵人們應該不屈不撓地迎接苦難，並給予人們希望，告訴他們失敗和悲劇並不是人生的終結，相反地，它是一個新的開始。

我心中一直對一個克服逆境的故事感到印象深刻，這是關於偉大的美國總統羅斯福（Theodore Roosevelt）的故事。由於他一向以堅毅、勇敢的領導者形象著稱，因此很少有人知道，羅斯福其實是一個非常羅曼蒂克的男人——特別是在他年輕的時候。當他二十出頭的時候，他瘋狂地愛上了一個美麗的黑髮女孩愛麗絲。他努力地追求了她兩年，最後，她終於同意嫁給他。說他如火如荼地愛上了她一點也不為過，她對他而言，是太陽、月亮、星星，是他生活的全部。他當時的日記裡，寫滿了對她的熱情、迷戀甚至崇拜。當她告訴他，她懷了他的孩子時，他心裡充滿了幸福，他因此而感到欣喜若狂。

就在這個時候，一件無法遇期的事情發生了。就在愛麗絲生下他們的寶寶的那一個晚上，她罹患了一種罕見的疾病，叫做白萊特氏病，這個病很快開始危害她的腎臟。羅斯福立刻趕到她的床邊，悉心地照顧她。就在這個時候，也住在同一棟屋子裡的羅斯福的母親，突然因為傷寒而發燒。

接下來的十六個小時裡，羅斯福不斷地在房子裡來回奔波，一邊是他的母親，一邊是他的妻子。她們都病得很厲害，連醫生也束手無策。隔天早晨，他的母親在他的懷中死去；同一天下午，他摯愛的妻子也過世了，也是在他的懷裡死去。那一天正好是二月十四日，情人節。

幾天後，舉辦了一場雙重葬禮，神志不清的羅斯福，哀痛得幾乎無法行走，他寫下了一段碑文，獻給他的妻子：「我們花了三年的時間，甜蜜而幸福地在一起；在我認識的許多人之中，沒有人擁有比我們更甜蜜、更純粹的感情了……今後我的人生無論喜悅或是悲傷，都已毫無意義。」過了一會兒，他補述：「她的臉龐很美麗，但是她的心腸更美。她才剛剛成為一個母親，她的生命似乎剛剛開始，而光明就在眼前，她卻遭遇了這樣一個悲慘而奇異的死亡。我最親愛的人已經走了，她將永遠地帶走了我生命中的璀璨光芒。」羅斯福在他的日記上，用一個大叉叉在二月十四日那一天標註，他重複地說：「我生命中的璀璨光芒，永遠消失了。」

在那個時候，羅斯福只有二十六歲。無論在感情上或精神上，他已是個行屍走肉。他麻木、傷心，在他的心裡，已沒有了快樂、沒有了其他人們、沒有了工作，也沒有所謂的生活。他認為他生命中的光芒已從他的生命中消失了。然而我們知道，事實總是相反的。事實上，他偉大的光芒和不朽的生命，還未開始嶄露光芒。短短幾年過後，他成了戰爭英雄、國會勳章獲獎者（追授）、諾貝爾和平獎得主、著名的戶外運動和自然環境保護推廣者，一個擁有幸福婚姻和六個孩子的父親，以及美國第二十六任總統，最後使美國成為掌握世界權威的強大國家。這些榮耀的光輝，都發生在他人生中最重大的打擊**之後**。

不錯，在最慘痛的悲傷過後，也可能帶來最大的幸福和成功。但是，事實往往如此嗎？很不幸的是，答案是否定的。在像羅斯福一樣鼓舞人心的故事中，有許許多多的結局不甚美好。因此絕大多數經歷過苦難的人們，都會變得憤世嫉俗、頹喪不堪，將自己與外在世界的聯繫完全關閉，也拒絕一絲一毫可能帶來快樂的理由。如同諺語所說，他們生活在一種「安靜的絕望」之中。自救專家會建議，他們沒有必要這麼做，只要他們願意的話，他們擁有改變現況的能力。

但是這些專家都忽略了最重要的一點：想要克服逆境，不只是意志力的問題而已。它不只是一個激勵人們「看看事物的光明面」或者「換個積極的想法吧」的問題而已；它不只是要集中注意力在解決問題上，或者是採取行動。這些事情或許很重要，但問題的核心在於，如何將苦難轉化為幸福仍然屬於宗教的範疇。最終，惟有神才擁有將痛苦轉變為美善的能力。

回溯到本書的第四章，我們討論人類所承受的苦難時曾經提到，苦難是神學中最為神祕的一件事。我們說到，神永遠會回應這個請求：「**神啊！請帶我穿越苦難！**」但是祂不一定會告訴我們承受苦難的目的。的確，這是千真萬確的。當不好的事情發生時，神不一定會告訴我們原因，祂只是承諾會幫助我們「度過難關」。祂還對那些誠心向祂請求和盡力實現祂的旨意的人們許下承諾，祂將會為他們從生命的每一件苦難中，帶來豐盈的美好；到了最後，祂會將每一種苦難轉化為更宏偉、更深厚的幸福和快樂。

如果你想選擇《聖經》的一段經文來背誦，羅馬書第8章28節會是一個不錯的選擇，因為它正是這段承諾的關鍵。如果你能夠了解它，真正地、完全地體會它的真意，那麼無論在任何時候，它將會成為保護你的精神盔甲。或許生命中的「弓彈和利刃」會擊敗你，或是使你受傷，但沒有什麼能夠真正地刺穿你的心臟，戰勝你或將你毀滅。這一段經文就是：「天主使一切協助那些愛他的人，就是那些按他的旨意蒙召的人，獲得益處。」

一切事物都將變得更加美好。《聖經》不是告訴你**有些事情**到最後一定會好轉，它指的是**所有的事**。這樣說吧，如果你盡力使自己成為神期待你成為的那一種人，那麼你所做的所有事情，你所遭遇的一切失敗，以及人生中所經歷的一切考驗——即使是最慘絕人寰的悲劇——最終將會為你帶來更偉大的「美好」。

但是，該如何使它成真呢？如何讓一切事物轉往美好的方向？失去你的工作會帶來美好嗎？你所面臨的經濟難關會帶來美好嗎？罹患癌症會帶來美好嗎？當我們深刻感受到這些事情會使我們多麼沮喪，要怎麼做才能讓它們引導我們通往更美好的未來？

也許了解這段話最重要的關鍵在於，即使我們無法全然了解神如何使糟糕的情況轉好，但祂已經告訴我們，祂**能夠**做到。祂已經向我們證明祂擁有這個權力，只要祂願意，祂就能夠從最悲慘的絕境中帶來更光明的美好。但是，究竟是什麼時候祂會這麼做呢？

想一想歷史上所發生最罪惡的事件。不，那不會是人類的墮落；不是亞伯爾（亞伯）被殺害的事件；不是《舊約》中任何一件血腥事件；不是西班牙宗教法庭或十字軍東征；也不是納粹或共產黨的野蠻政權；不是恐怖份子在九月十一日的襲擊事件；也不是我們在人生中所經歷的一切悲劇情事。歷史上最為罪惡的一件密謀事件，是**對耶穌的謀殺**。當耶穌基督在受難日被處決，耶穌用祂的肉體親身經歷了死亡。無庸置疑地，我們在其中見證了史上的不忠誠、忘恩負義、騙局、不貞潔、背叛、墮落、淫穢、狠毒和最為徹底的罪惡。創造了宇宙萬物的神，真真正正地以祂的肉體經歷了這個可怕的死亡。這項罪行不僅是蓄意殺人罪、弒父罪、殺害同胞罪，它更是**弒神之罪**。誠然，再沒有什麼要比這個罪行更可惡的了。生命中的任何悲劇，不論多麼低劣、多麼糟糕，都比不上耶穌的受難和死亡。

然而，神會如何看待人類最驚世駭俗的事件呢？祂是否會讓我們永遠迷失，並且總是充滿絕望呢？祂是否會放棄我們？祂是否會放棄宇宙萬物呢？祂是否曾有一秒鐘的動搖，而對撒旦和惡魔讓步呢？不，剛好相反，神迅速地轉向世界，讓塵世的每一件人事物都安然地在祂的頭頂上運轉。因為走出了猶如地獄般黑暗可怕的受難，祂帶著神奇的光圈復活。在一陣驚人的智慧和恩典光芒之中，神將一切都改變了——祂拯救了全人類，將人類提升到一個更神聖的境界，使我們在人世間的罪惡被赦免，並且得到無數的恩賜。除此之外，祂還為我們打開了天堂的大門，使我們有一天能與我們的朋友、我們摯愛的親人相見，並且擁有恆久的幸福。

你看見神做了什麼嗎？祂並不只是從一些不好的小事中，為我們帶來一些小小的美好；祂也不只是從一堆壞事之中，帶給我們一丁點幸福。有的時候，神還會從**最糟糕**的情況中，帶給我們**最大**、**最豐盈**的快樂呢！沒有什麼情況比殺害耶穌基督更可怕的了，沒有一份賜給人類的禮物能比耶穌基督的復活更珍貴的了。從耶穌死而復生的過程中，神並沒有為我們「修補好一切」或者「讓一切變得美好」，祂給予我們更深刻的東西，祂使黑暗變成光明，將塵埃化做黃金，並讓罪惡成為永恆的生命。

我們也從中習得最精采的一課。因為假使神能夠將最糟糕的窘境變成最耀眼的美好，那麼祂必定也可以將較差的情況轉化為更美好的未來。祂必定能夠從我們生命裡最慘痛的遭遇中帶來更棒的恩賜。不是嗎？

但是，祂並不會總是做得這麼顯而易見。當你掙扎著支付帳單、為一段破碎的關係傷心流淚、或者坐在殯儀館中為失去摯愛而哭泣時，的確很難想像神會如何讓你的悲傷變為喜悅。當你身處在那樣的情況下，真的很難不對神感到生氣，更別提相信神有權力賜予你快樂和幸福了。然而，祂真的可以。

我們先前提到，神允許很多壞事在我們的人生中發生，但那些壞事並不是他刻意引起的。祂並不是一頭殘酷成性的野獸，看著祂的子民們受苦受難卻還沾沾自喜。相反地，當我們感到痛不欲生，神也和我們一樣難受。祂就和全天下的父親一樣，當看到自己的孩子跌倒、受傷時，祂的心裡也承受著千刀萬剮一般的痛苦。

然而毫無疑問地，在宇宙之中，不論任何時候，神擁有足以全然掌控一切的權力。即使祂痛恨看見我們受苦，但祂卻不得不允許這些可怕的事情發生。祂之所以會這麼做，是因為祂清楚地知道，祂擁有從苦難中帶來美好未來的能力。祂更深刻地明瞭，祂的整體規劃——而那也總是與我們的利益相符——終有達成的一天。

而現在我必須提醒你，我們已經進入所有神學中最神祕的地帶，即使是我們前幾章慣常使用的字眼，也會變得模糊而難以分辨。在接下來的幾頁中，我所提出的許多論點可能像在暗示著一件事：神為了**逼迫**我們以某種方式行事，才把這些苦難**降臨**在我們身上。但事實並非如此，神並不是一個操控木偶的人，而我們也不是祂所玩弄的木偶；神也不是一個國際象棋選手，而我們也不是祂棋盤上的兵卒。但是在同一時間，這麼說也是百分之一百準確的：「若沒有神的恩准，連一隻麻雀也不會掉到地上。」、「就連我們頭上的毛髮，也已經被一一數過了。」而這麼說更是百分之一百準確的：「神『運用』了祂所知的即將發生的壞事，為我們帶來了祂希望我們能夠獲得的美好事物。」

這個極其重要、看起來卻似乎自相矛盾的論調——神要如何同時做到「維持**掌管之責**」及「准允人類擁有**自由意志**」——建立在人類經歷苦難的關鍵問題之上。坦白說，我們的確不知道神會怎麼做，才能調解這些表面上看起來如此對立的事物。我們唯一可以肯定的是，這和祂的存在與人類存在的方式截然不同有關，這和所謂的「時間」概念有關，這也和神擁有看穿「人生全貌」的能力的這個事實有關。

正如我在我的第一本書《天堂旅遊指南》中，描述人類的段落一樣：

> 人們都擁有一段過去、現在和未來。我們經歷了人生中大大小小的革命性時刻，但卻從不知道，下一秒將會發生什麼事。神則不是如此。神站立在時間之外。當祂從天上俯瞰著約翰・史密斯的一生，祂絕不會只著重於此刻的約翰・史密斯。由始至終，祂會端詳著約翰・史密斯的整個人生。就好像是祂正閱讀一張張標題為約翰的扉頁。翻開頁首，可以看見約翰的誕生，讀到一半，可以看見約翰的婚姻，神也能跳過許多章節，翻到書的末頁，看見約翰躺在醫院中，身旁圍繞著他的孫兒們，看著約翰靜靜地死去。祂能夠在瞬間將約翰的一生盡收眼底。神能夠看見我們

在我們人生中所做的一切選擇，並且也能夠看見我們的選擇所帶來的後果。祂看盡了一切的錯誤、罪惡和一切混亂的狀況。祂能看穿我們將會做什麼事，祂也能預知這一切將會導致怎樣的未來。為了實現祂的旨意，祂妥善地收集並安排我們所做出的所有抉擇，只期許能夠達到祂的終極意旨。

總有那麼一天，神能夠用某種方式，將地球上自然發生的所有事物一一精心安排好，連一丁點我們的自由也不會帶走，就能打造出祂所期許的美好未來。

通常，要認出神試著想打造出來的「美好未來」是很容易的。我們所受的苦難（即使是最慘痛的那一種）往往能帶來最顯明的助益。舉例來說，它能幫助人們變得更強壯、更堅強，並且擁有絕佳的挫折容忍力——就像美國總統羅斯福的故事一樣，這些特質在生活中都會變得唾手可得。事實上，許多人在經歷了人生苦難的滾燙熔爐洗鍊之後，都深深相信這些考驗造就他們成為今日更為成熟的自己。承受這些所謂塑造、鍛造他們的「精鍊之火」，他們所得到的收穫或許比其他考驗更多。聖保祿（保羅）曾說：「磨難生忍耐，忍耐生老練，老練生望德。」（羅馬書5:3-5）望德（hope）往往是我們所能互相給予的一份最重要的禮物。當承受著巨大的苦難時，你能善用強大的力量和美好的希望來幫助自己度過難關，你更能幫助其他身邊的人。

此外，當你忍受著痛苦的時候，你周遭的人們也因而有了能接近你、幫助你的機會。一些原本冷漠、自私、對別人的事總是置身事外的人，會因為他們與你的友好情誼，使他們突然有一個機會，讓自己變成古道熱腸、幫助他人的好人。而你所經歷的苦難，也將幫助他們更接近神。對於他們來說，這就像是通往美德——甚至是天堂——的一扇大門。

如同我們先前討論過的，苦難通常可以使一個人對神更加依賴，並因而對神的期許懷抱著更坦誠的態度。如同俗諺所說：「在散兵坑裡，沒有無神主義論者。」當你內心充滿了脆弱和疲憊，對未來充滿了恐懼，擔憂愛人的離去，憂心自己的一切事物，你反而更容易變得謙遜有禮，更容易給神一個進入你的生命、並且改造你的生命的機會。奧古斯丁說得好，他說一個擁有開放胸襟的人，才能夠獲得天賜的禮物。

大部分的基督教徒都相信，苦難擁有一種「救贖」的價值。聖保祿說的話十分耐人尋味：「如今我在為你們受苦，反覺高興，因為這樣我可在我的肉身上，為基督的身體——教會，補充基督的苦難所欠缺的。」天主教徒對這一點則作如此詮釋，他們認為神給予了我們將苦難「固定在」十字架上的能力，因此我們生命中所經歷的所有苦痛，都能為神所用，進而幫助我們建造祂在人世間及天堂的教堂「軀體」。這也就是為什麼有時候你會聽見天主教徒要求人們將苦難「奉獻」給神。並非所有的基督宗教都如此解讀，但是他們**的確**都承認，神能夠在我們的苦難和苦難背後的神祕價值之間作一個連結，而那是我們所看不見的。

也許生命中最豐盈的美好正來自於苦難的發生，因為它可能使一個人變得更貼近基督。耶穌經歷了各式各樣我們所能想見的人生苦難，而祂真的經歷過，因為祂知道**我們**也一定會經歷這些。當你餓了、受著傷、忍受著貧窮之苦，長期罹患疾病、面臨不忠誠和背叛的難堪，當你身陷牢獄、感受著孤獨、被迫忍受長期與家人分離的痛苦，當你因為你的信仰而遭受著迫害——你正在經歷著的是與耶穌基督完全相同的苦難啊！因此這可能會使你與祂更加接近，也使你更像祂。這份與神接近和親密的感覺，真的能為你帶來喜悅和安寧，而這些都是在這個世界上打著燈籠也找不著的寶貴禮物，因為這是來自於**與神同在**的珍貴報償。

有時候，從你所經歷的苦難當中所淬鍊出來的美好未來，會隨著苦難的終止而更顯澄明易見。假如你不幸地失去了一份工作，卻在幾個月後找到一份更棒的職務，那麼被解雇這件事其實只是一份神賜予你的祝福罷了！雖然在當下它看起來似乎不是如此，但此事千真萬確。我認識許多人，他們在自己不甚喜愛的工作崗位上盡忠職守，卻從未丟棄他們對神的信仰，也從未停止將自己交付給對神的祈禱。最後，當他們回首過往，他們終於了解所有漫長的等待和令人心灰意懶的挫折，都只為了成就現在更好的自己。在某種層面上，他們置身於「漫無人跡的荒野中」的這段時間，使他們挖掘出生命中真實快樂的可能。在這段精神生活得到進展的過程之中，你會學習到一件事，那就是「神永遠是**完美時機**的控管人」。既然祂已預見了你人生中的「偉大藍圖」，祂非常清楚你何時應該加速前進，何時應該在原地駐留。而有的時候，在你進行下一步動作之前，祂必須將千百種細節做出最妥善的安排，使你下一個步驟能更加完美。而這樣的安排，需要花費時間。

如果是經常坐飛機到處旅行的人，就一定能了解我要表達的意思，因為他們都經歷過飛機「盤旋」時的頹喪感。這種情形通常發生於降落的尾聲，就發生在你最迫切渴望下飛機的那一刻。你的安全帶是固定著的，你座位前方的折疊桌子朝上，再過幾個小時，就可以脫離這個擁擠不堪的小空間，終於可以準備著陸了。之後，因為一些莫名其妙的原因，飛機開始進行一系列九十度的大轉彎，於是你又不能馬上登陸了。取而代之的，是你已經進入令人害怕的「等待航線[1]」狀態中。你所乘坐的飛機將會不斷地在空中打轉，有時候耗費的時間可能很長，直到空中交通管制清除了一切障礙，你才能夠抵達地面。有時候機長會拿起對講機，向你解釋飛機誤點的原因，但大部分的時候不會，你只能靜地坐著等待。可能在之前已經有十來架飛機正等著降落或起飛，可能是機場附近的大雷雨所導致，可能是機場跑道出了什麼問題，誰知道呢？重點是，儘管乘客們承受著這股頹喪感，儘管飛行員有足夠能力駕駛飛機降落，總之最重要的實體——空中交通管制站——已做出撤銷的決定來制止飛機著陸，而這是沒有任何人能夠改變的。

我們生活中所發生的一切也是一樣。我們可以決定自己想要做什麼、以及去什麼地方，但是神仍然會負責擔任「空中交通管制」的角色。祂以全知全能的雷達屏幕看見了一切——包括氣候、機場狀況、以及當時機場附近的所有飛機。有的時候祂會告訴我們原因，有的時候則不會；祂認為此刻對我們最好的，就是維持在「等待航線」狀態中。當我們的機身在上空盤旋著，祂正忙於為我們清除障礙、解決問題，安排所有周遭的人們，直到事情**好轉**。然後，惟有在那一刻，祂才允許我們順利地安然著陸。

令人驚奇的是，神所使用的雷達屏幕不只能為祂展現此時此刻的風景，還能清楚地描繪出我們的過去、現在和未來。它的確能夠投射出超越未來、成為永恆的一幅畫面。我們已經談論過，在尋求智慧之時，神的洞察力有多麼重要，而那正是了解這個請求的關鍵。因為有時讓苦難變得更有意義的方法，就是站在更有利於情勢的角度，俯瞰全景。有時候當一件悲慘的事情降臨，我們很難看清神能為我們帶來的更美好的未來。試想，一個可怕而匪夷所思的孩童之死，又將如何為我們帶來更積極的前景呢？

但是我們永遠都要記住這一點，神只關切一件事：我們是否能夠抵達天堂。除了這個問題以外，其他一切事物（包括我們所承受的苦難）都毫無意義。如同我在其他地方所說過的，假如你在十歲的時候，死於一場車禍而到達了天堂，那麼你擁有的是一個成功的人生。假如你懷抱著人人稱羨的財富權貴，在九十歲的時候於睡夢中安詳地死去，但卻抵達了地獄，那麼你的人生無疑是一場毫無意義的悲劇。「人縱然賺得了全世界，卻賠上了自己的靈魂，」耶穌這麼問道：「為他有什麼益

1 指飛機待降時，在等待空域的飛行航線。

處？」（瑪竇／馬太 16:26）我們並不一定能夠看到這層真理，但是神可以。當我們參加一場葬禮，或在街上看到殘廢人士和智能障礙者，我們會反覆地用各式各樣的問題拷問自己，疑惑著：這些人的生命本來可以更不同或更加美好的啊！為什麼神如此「不公平」。但我們卻不曾問過自己更重要的問題：這些人最後會進入天堂嗎？這才是神惟一關切的問題，祂透過這個鏡頭來看待我們的人生。

而我們也必須學習使用這個鏡頭來看待事物。即使當我們深愛的某人死去，而我們無法理解原因的時候，我們必須試著相信神，並且發自內心地相信**神永遠比我們更能洞悉世間萬物**。祂知道一個人的一切，他或她的生命，未來又將會發生什麼事情，祂通通都知道。也因為祂清楚地知曉一切，祂更清楚何時是帶這個人返回天堂的最佳時機。

即使是與死亡無關的事情，神會特別關切的也是我們的靈魂狀態。假如他看見一個人墮入錯誤的深淵，祂會毫不猶豫地使用任何方法——包括讓苦難降臨——來喚醒那個人的注意力，將他重新引導到正確的方向。就好像 C. S. 路易斯的絕妙比喻：神以我們的歡樂，對我們輕聲耳語；以我們的道德良知，對我們曉以大義；以我們所承受的苦難，對我們大聲咆嘯。苦難就是神所使用的傳聲筒，用以喚醒紙醉金迷的世間眾人。

然而，相較於其他事物，苦難會奪走我們所有的注意力。它有更大的能力可以改變我們的生活，它迫使我們不繼續在一些無聊的瑣事上鑽牛角尖——一些讓許多人浪費幾十年光陰去想的無聊瑣事。它使我們改而去思考那些我們更該花時間潛心深思的根本性問題，包括生存與死亡、是非和對錯、罪惡和寬恕、憐憫和服從。換言之，痛苦能使我們走出自卑自憐的小世界，使我們不得不進入一個地方，在那裡，我們終於可以認真思考什麼才是對神最重要的一件事。最後，痛苦變成了神所使用的一種最有效的工具，將我們塑造成終有一天能充滿希望地、長久居住於天堂中的快樂生物。

我們先前提到的約翰．克拉彼神父，他總是鼓勵他的電視觀眾「要像黏土一樣」。他的意思是，為了聆聽神的旨意，人們必須使自己的思想擁有足夠的靈活性。因為假如神是一個藝術家，而祂的目標是將你塑造成一個更棒、更神聖的人，這取決於你來自於哪一種「材質」。如果你是像大理石一般冰冷、堅硬，而缺乏彈性，神又怎麼能夠改變你呢？祂當然無法輕易地延展、並將你輕輕地拉拔成某種形狀。這是完全不可能的，因為你太過頑固不屈了。祂不得不舉起一把木槌和一把鑿子，好好地將你搥打整頓一番！祂不得不將你這塊大理石切成一塊一塊的，直到你終於呈現出祂原本計畫中你的形貌。

但是你又是如何看待自己被這種形式改造呢？那會是一種溫和而平緩的過程嗎？會不會痛？另一方面來看，假如你是用黏土做成的又會是如何呢？神又將會如何塑造你？當然，像黏土一樣，意味著你必須變得更柔軟、更易於塑造、更敏感、更樂於接受神的各種深具啟發的要求——總而言之，要懷抱著一顆更加坦誠開放的心，遵循神的旨意。那麼被塑造的過程中，你將會得到很不錯的待遇，少一點戲劇性、少一點嚴厲、還有這個——是的，你想的沒錯，**少一點痛苦**。

關鍵在於，為了讓你到達天堂，神會盡祂一切的努力。倘若有使用鐵鎚或鑿子的必要，祂會這麼做；倘若祂只需要輕輕地用雙手塑造和撫摸你，祂也會這麼做。

讓我們舉個例子說明吧！假如你沉浸在夢鄉中，不願起身下床，你可以透過許多不同的方式讓自己醒過來。把鬧鐘放在最靠近你頭頂的地方，鈴聲大作將你從睡夢中給吵醒、讓某個人對著你的耳朵大叫、或者搖晃你的身體。這些方法可能都很管用。當然還有另外一種，這是一種比較非傷害性的作法，讓家人走進廚房，開始準備早餐。當你沉睡時，你可能會聽見雞蛋和培根在爐子上啪滋作響，濃郁撲鼻的咖啡香瀰漫了你整個房間。當你覺察到這一切時，你已經睜開眼跳了起來，根本不需要鬧鐘的鈴響，或者有人在你耳旁大叫，你也會醒過來。

很可惜，我們許多人都還在夢境中酣睡著而不自知。當面臨真實人生中的重要事物之時，我們卻沉睡著，不願意醒過來。而神知道祂必須盡快地將我們喚醒，因為生命是如此地短暫。許多時候祂先採用溫和的方式，也就是「早餐」的作法。祂首先給予我們生命中最奇妙的禮物，祂給予我們海洋、山脈、河流和我們眼目所見最光耀璀璨的大自然。祂給予我們不同的天氣——華麗的春日時節、可愛的冬季暴風雪，和既美麗又哀傷的陣雨季節。祂賜予我們許許多多與眾不同的人們，以塑造許多寶貴的人際關係——擁有不同天賦與個性的人們，用各種不同的方式為我們的生活添加更多生活樂趣。祂賜予我們音樂和藝術，祂賜予我們能夠得到回應的請求；祂賜予我們溫暖的家庭和朋友，祂賜予我們美妙的愛情和性愛；祂賜予我們教堂，以及祈禱、詩歌和禮拜儀式。祂贈予我們無可數計的、個別的祝福。這些都是神賜予我們的溫柔鼓勵，而它們的用意都是用來喚醒我們，使我們將更多心神放在神的身上，並且虔心完成祂所期望我們完成的事情。

但是，如果這一切都不奏效時該怎麼辦呢？倘若我們無視於生命中的美好和恩賜，仍固執地朝向錯誤的道路前行，將會發生什麼事呢？不論神溫柔而努力地呼喚我們多少次，倘若我們仍執迷不悟，不願醒過來聽從神的旨意，又將會發生什麼事呢？有的時候（雖然這一點我們實在艱以承認，又不得不承認），惟一能讓我們將更多注意力放在神身上的，就是痛苦了。有的時候唯一奏效的方式就是，讓鬧鐘震耳欲聾地大聲作響！

我並不是暗示，假若你是一個虔誠的人，你就會得到免於一切災難痛苦的神奇保護。顯而易見地，事實並非如此。每個人都必須面對生命中一定數量的痛苦和煎熬，這是生活在一個墮落世界裡的必然趨勢。而真實確切的是，有時候神會允許祂最聖潔的僕人接受最大的考驗，因為祂知道，惟有透過這樣的經驗，才能使他們變得更加美好——祂知道這個經驗將會使他們變成更偉大的聖人。你必須面對你人生中註定會出現的苦難，這已是一個既定的事實；但是，為什麼你非要以自己的方式走出這些苦難，而使得最大的痛苦成為必經之事呢？你不該將神逼入死角，迫使祂**只能**透過苦難來幫助你到達天堂。你最應該做的，是至少給神另一種選擇，讓祂引領你走上正確的路徑——以一種溫柔的溝通方式！

換言之，假如你正承受著折磨，就讓它發生吧！或許那正是你所需要的一個

「警醒訊號」，就讓它發生吧！因為神想讓你暫時處於「等待航線」的狀態中；就讓它發生吧！因為神想讓你變成一個更強壯、更有勇氣的人；就讓它發生吧！因為神期許你帶著你的十字架，效法基督；就讓它發生吧！因為神期許你在一片聖潔中逐步前行。無論原因是什麼，別讓自己像一塊既堅硬又頑固的大理石一般，否則，神除了拿鐵槌敲你的頭以外別無他法。記住，**要像黏土一樣！**

你看，神希望你得到快樂——無論是此生，或是下一階段。祂多麼希望為你帶來快樂，祂甚至已為你想出了一個方法讓你走出絕境，並為你帶來快樂。但是，這也如同我們生命中的其他選擇一樣，祂也給了我們向祂說「不」的自由。

用一種粗略的方式來解讀，當我們面臨苦難時所作的選擇，就好像將垃圾丟到垃圾桶時我們的選擇一樣。我們可以將垃圾丟到資源回收桶，也可以將垃圾丟到普通的垃圾桶裡。神永遠是宇宙中最偉大、最神聖的資源回收箱。當我們向祂請求：「**神啊，請帶我遠離絕境**」，祂將會撿拾被我們丟棄的苦難——即使是像牙痛一般瑣碎的小事——祂也會替我們做好資源回收，並且使我們的靈魂永遠受益。但是，歸根結柢，那都是**我們**所作的選擇。如果我們想這麼做，我們也可以輕易地將所有苦難，連同所有社會上沒被充分利用完的廢棄物一起丟進垃圾桶裡，讓它們直接進入廢棄物掩埋場。噢！那將會是世界上最大、最多、由被浪費的苦難所堆砌而成的垃圾堆啊！在人類的歷史中，那裡已經累積了多少對神的拒絕呢？又曾經有多少說不出口的苦難被掩埋其中，而人們不曾從中獲得一絲一毫的益處呢？

根本沒有必要這麼做。你所流的每一滴眼淚、你所呈現的每一分脆弱、你所承擔的每一件屈辱、你所經歷的每一個失敗——你生命中所發生的每一件壞事——都能輕易地被**轉化**。從每一個逆境之中，神能創造出更高深的美好；從每一份損失之中，神能賜予你更棒的禮物；從每一個死亡之中，神能為你帶來新生——只要你願意開口向祂請求。

假如你想以一句話為本書作結，就用這一句話吧：「**一切事物，都將會為了那些敬愛神、並且遵照神之旨意的人，而變得更加美好。**」

第十章

神啊，請引領我走向我的未來

究竟，我是為了什麼來到這個世界？

海明威（Ernest Hemingway）曾經說過，每個人的人生若能被完整真實地呈現，可以寫成一部小說。這段話完全適用於我們所將討論的最後一個祈禱：「**神啊，請引領我走向我的未來。**」

我們常常聽到這句話「天生我才必有用」。我們的父母、老師、教堂裡的牧師和神父，以及電視上所有討論人格發展的大師都這麼告訴我們。但是，這是真的嗎？沒錯，每個人都有一組不同的指紋、不同的生理特徵、不同的DNA等等，但這些真能構成不同人類的獨立個體嗎？

許多年前，我很質疑這類心靈勵志的陳腔濫調。顯然地，這個世界上總有許多人很特別——他們可能是億萬富翁、天才、英雄、名人、暴君或聖人——這些人在某種程度上都顯得鶴立雞群。但是絕大多數的人們，不論活著或死亡，都是沒沒無聞、乏人聞問；更有許許多多的人終其一生不曾享受過成功的甜美，他們毫不起眼，而且總是不開心，也不受人尊重。那他們也是獨一無二的嗎？

當我更明瞭基督宗教的教義時，我開始了解到每一個人都是獨特的，每個人都擁有超凡的自尊，因為他們都是神的子民，他們是以神的形象被塑造而成的，他們的原罪也已由神之子洗刷掉了。我接受這種想法：人類所擁有的獨特內在的價值，遠遠超越了他們的外觀。我深深知曉、也能夠理解，一個在大街上遊蕩、無家可歸的吸毒犯，也有可能比最偉大的領導人更有機會成為天堂裡的大聖人。但是，即使我已能理解至此，我仍然很難去相信，在一個人的**這一生**當中，每一個人都是**獨一無二**的。

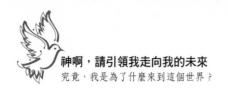

很諷刺的，這是一種科學的觀點，而非宗教。而這個觀點，最後使我更加了解人類的個體性。當我閱讀更多生物學和化學書籍，發現了更多關於人類獨特性的「線索」，這給了我一個更明確的結論。事實上，當你真正地研讀科學——尤其是統計學——一個偉大的科學故事將在你眼前開展，特別是人類命運的奧秘核心。

你是否曾經想過，所有的遺傳因子都必須被安置在適當的地方，才能促成你的誕生？還有數以百萬計的微小細節，都必須剛好匯聚在恰好的時間、恰好的地點，才能讓你順利地來到這個世界？安潔莉卡是義大利的一個小修女，她創辦了「永活之道電視網」（Eternal Word Television Network），藉此告訴大家當她的母親還是個年輕女孩時的故事：有一天，這個年輕女孩在居住的公寓中一邊洗衣服，一邊唱著歌兒。她很少在做家事的時候唱歌，但是，她突然感覺自己很喜歡唱歌。就在這個時候，一個男人開著車經過她家附近的街道，偶然聽見了她的歌聲。他並不是住在那一區的人，也並非來自於鄰近地區，他只是剛好經過這個城市的另一區而已。但是他深深受到這個歌聲所吸引，於是停下車來，尋找這位年輕女孩美妙的歌聲來源，想要給她一些讚美。他真的這麼做了，而後不久他們開始約會，最後他們結了婚。神奇的是，假如他不曾在那個獨特的時刻，驅車前往那個特別的地區；假如她也不曾在那個獨特的時間點，發現自己喜愛歌唱；他們也不會結婚，不會有小孩，不會有安潔莉卡修女，更不會有宗教性的電視網了！

每個人身上都曾發生過這樣的故事，當我的母親遇見我的父親那一年，她只有十六歲。一天晚上，她的姐姐邀她一塊兒去皇后區的老三角舞廳跳舞。我的母親當時不願意去，她試著推拒，因為她不喜歡那樣的場合。但是她的姐姐——我的阿姨寶琳娜——卻拉著她出門。她這麼做對我來說可真是一件幸運的事！因為有個男人，也就是我的父親，也在相同的時刻決定到相同一間舞廳去跳舞。這件美妙的事，就因為這個小小的「巧合」而發生。它在我們的生活裡，產生了紀念性的結果。

然而，它們真的都是巧合嗎？想一想，當你的父母在一起，有了性生活之後，懷了你，這樣的機率是多麼微小？

男女之間任何單一的性行為中，大約有五億顆精子細胞會進入女性體內。有**五億顆**呢！而五億顆精子之中，只有一顆得以與卵子相會。在卵子與精子接觸的那一瞬間，受精作用發生，卵子釋放出獨特的化學作用，隔離了其他精子。這些被隔離的精子——在人類偉大的生存競賽之中出局——死亡。

這五億可說是**潛在性**存在的人們，每一個都與你完全不同，每一個都可能取代你而成為那一個獨一無二的精子，並與獨一無二的卵子受精。從最真實的意義上來說，這五億潛在性存在的人們，都不得不放棄生存，為你開路。這五億潛在性存在的男人或女人，都帶著他們獨特的生理特徵——他們獨有的頭髮、眼睛和聲音——每一個他們所擁有的獨特人格特質，將不再有與光明相會的一天，而你，得以生存。我們不願意這麼去想，但是，我們每一個人都贏得了一場有五億個競爭對手的長程競賽。

事實上，這個機率與發生率比上述的更低。因為不僅要有一個特定的精子細胞和另一個特定的卵子受精，讓這個世界上有你這個人出現，但這一切還只能發生在一段短暫的時間裡，稍縱即逝。在一個月份中，只有五到六天有受孕的可能。若你的父母並沒有在這段時間內從事性行為（或者他們實行避孕計畫），也不會懷育任何生命。

換言之，假如你媽媽是在星期二晚上十點懷孕，在歷史上，那就是**你**已在媽媽肚子裡被懷有的惟一時間點了。性行為發生在不同時間點的不同實例，將會產生一個完全不同的人，因為每一顆精子細胞包含了全然不同的遺傳密碼，同樣的一顆精子細胞的成功率（產生你的那一顆）要在完全不同的場合裡擊敗了其他精子，這機率也是極其微小的。

來看看受孕後的各種機率：其中流產佔三百分之一的機率，死產佔四百分之一的機率，加上墮胎或小產佔四分之一的機率，你很容易發現自己能來到這個世界上是一份多麼值得讚嘆的幸運啊！以嚴格的統計學視點來看，你在地球上的存在是一個奇蹟。在你生命的開始，你就必須要克服許多巨大的困難——而這個機率高過你所將面臨的任何情況。不論現在的你如何看待自己，在才幹上，你已經成為「成就比預期更大的人」了。你已經證明自己是個「超人」或「女超人」，足以打敗任何巨大的障礙了。不論你的生命中將會有怎樣的疾病降臨，不論你將被迫忍受怎樣的痛苦，不論你最終必須面對怎樣的家庭問題或金錢危機，最重要的是，你必須明白這一點：**你是帶著冠軍的光環來到這個世界的人啊！**勝利就是你的起始點。

而這也就是我們必須討論的神秘之處。因為在那一刻，我們開始端詳神在創造過程中的角色，並且發現了一件很有趣的事。我們發現，這些令人驚奇的巧合其實並不是真正的巧合；我們發現，這或許是為什麼我們能夠擊敗一個這麼強大的競爭機率的合理理由。在這個世界上一定有一個人，在開始時就為我們操控了整場比賽，又為我們修復投注賠率。事實上，在《聖經》中，我們看見了許多神祕的事實，告訴我們早在神**創造**出我們之前，祂就已經對我們的**存在**具備所有的知識和想法了。舉例來說，〈耶肋米亞／耶利米書〉中說道：「在你還沒有出離母胎以前，我已祝聖了你，選定了你作萬民的先知。」〈聖詠集／詩篇 139〉說：「我尚在母胎，你已親眼看見，世人的歲月尚未來到以前，都已全部記錄在冊表，都已全由你預先定好。」聖保祿（使徒保羅）寫給厄弗所（以弗所）的基督徒的書信中有提到：「他於創世以前，在基督內已揀選了我們。」

這些經文都指向一點：在這個世界被創造以前，甚至在我們存在以前，神就一直把我們放在祂的心中。在最初的時候，祂已將我們放進祂的計畫之中。然而，雖然我們為了來到這個世上而克服了重重的困難，但是我們並沒有完成我們身上所背負的艱鉅任務。我們的身體和靈魂並不會給我們帶來一個雜亂無章的結果，因為它們是全能的神所設計的，神希望我們親自誕生在這個世界上。我們可能是統計學上的奇蹟，但絕對不是統計學上的意外。

想一想這實際上意味著什麼。早在華盛頓（George Washington）穿過德拉瓦河之前，神已經知道你的姓名和出生的日期；早在羅馬帝國衰敗以前，神已知道你雙眼和頭髮的顏色；早在恐龍漫遊地球以前，神已制訂了你整個基因代碼；早在宇宙爆炸和天地被創造以前，神已預知現在的你，會閱讀這一本書。福音書中說：「就是你們的頭髮，也一一被數過了。」早在世界建造以前，就已經都被細數過了的。

有一些強大的意涵，像河流一般緩緩地流自這裡。如同我們所討論的，為了使你來到這個世界上，神必須對一群原本具有存在潛質的龐大人類說「不」。在這個巨大的潛在基因組合泳池中，可能有許多比你聰明、比你強壯、比你美麗的人存在，可能也有人格特質比你更不易怒、更不貪婪、更不善妒、也更無欲無求的人存在，然而，神卻對他們說「不」。

不同的是，神對你說「好」。而藉著這個「好」字，對於每一件你來到世上所要經歷的事，祂都會應允。祂應允了你的容貌、你的人格特質、你獨特的天賦和技能，以及你身上大大小小的缺點。在你生命歷程開啟的那一刻，神在每一件與你相關的事情上，蓋下了祂表示應允的印章。在祂全知全能的意志之下，祂准允了大量的基因和環境因子匯集在一起，以此組成了你。除此之外，祂憑空創造了一個絕對獨一無二的你。還有一個無法迴避的事實：你是經由神特別指定、精心挑選的那一個——事實上，你是從超過百萬個可能存在的單獨個體之中，被選定的那一個——然後擁有來到這個世界生活的一個機會。

問題是為什麼？這到底代表什麼？為什麼神創造了我們？為什麼祂用這個特殊的方式創造了我們呢？

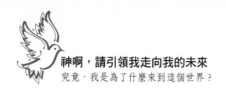

常識告訴我們，神必定為我們想好了一切——祂的思慮具體而周詳。到底有什麼能夠說明，祂把我們每一個都造得如此與眾不同呢？誠然，神不需要任何人、任何事物，而祂創造人類的主要原因就是，祂希望將祂的美好生活和幸福快樂與我們共享。然而，這樣仍然不足以解釋為何祂選擇**你**來到這個世界上，而不選擇**我**。我們都是非常獨特的個體。一個木匠可以享受於將木材塑造成各種型態的物體，但是當他特別想製作一張椅子、一張桌子或者一個樂器時，我們必須這樣假定，除了簡單地滿足他對木工藝的熱愛以外，他心裡一定有某種特殊考量。

而這團迷霧之中必有一個解答，也必有一把關鍵的鑰匙來解開人類的個體特徵之謎。正如我們常常說的，我們居住在一個破碎的、傾斜的世界——一個嚴重需要修補的世界。即使美德和美麗的事物環繞在我們的生活周遭，但毫無疑問地，這個世界依舊充滿了暴力、不快樂、混亂、抑鬱和死亡。神知曉我們所生活的環境浸泡在苦難之中，而祂也賜予了我們特權和榮耀，來幫助祂減輕這一切的苦難。耶穌基督，祂就是這個木匠，祂選擇了我們作為工具，來修補這個殘破的世界。

我們每一個人都是獨特且獨一無二的，因為我們身上都扛著一份特殊而獨立的使命必須去完成。被選擇的不是那些數不盡的其他人，而是我們；因為這些任務，只有我們才能完成。而我們的生活之所以充滿了令人費解的曲折，就是因為我們都已做好特殊的準備，迎接這些挑戰。即使我們擁有人格缺陷和人性弱點，我們仍然都是**完美**的個體，等著處理宇宙中一些特殊的、只有在歷史上特定的時刻才能解決的問題。

分析到最後我們可以知道，我們不只是人類，而是**鑰匙**——一把把神精心製作的、只適用於某些鎖上的鑰匙。我們每一個人都是獨特的，因為必須交由我們來打開的那道鎖只適用於某一把鑰匙——一把外觀與眾不同、使用起來與眾不同、感覺也與眾不同的鑰匙，一把擁有與眾不同的情緒、熱情、技巧和缺陷的鑰匙。事實上，在整個世界和所有的時間之流中，也只有惟一的一把鑰匙，有能力打開那一組獨特的鎖——而你就是那把鑰匙。

不過可別把鎖搞錯了，只有當你找到那道鎖的時候，你才會了解自己的命運。它可能很大、也可能很小；它可能很吵，也可能很安靜；它可能使你一夕成名，也可能使你沒沒無聞。可能你注定要在一場大火或一場災難中，拯救某人的性命，也可能是要在某段簡單的對談中改變了某人的一生；也可能在某一天你會創造出某種能幫助人類的東西——一種發明、鼓舞人心的音樂、一本書或者一篇文章，也可能是你的兒子或女兒注定要達成某種令人嘆為觀止的成就——而沒有你對他們造成的影響，他們就不可能會完成。你的命運可能會出現在你生命中一個充滿決定性、戲劇性的時刻，也可能會是你耗費多年的許許多多個行動。但是誰會知道呢？不論事情將如何演變，有一點是可以肯定的，這對世界上的生命具有相當重要的意義，而對於你本人，也會有極其重大的成就感。

但有一個關鍵點要記住：我們在這裡所談論的「命運」，和你的「夢想」不一定相同。人們總是強調「追求夢想」的重要性，單就這一點來看他們並沒有錯。在我的生命中，也曾擁有成千上百的夢想：成為一個大聯盟職棒選手的夢想、成為一名醫生的夢想、擁有一個經由選舉產生的職位。在我生命中的許多時刻，我也曾經非常認真地祈求這些夢想可以成真。但是，沒有一個夢想被實現。感謝神！你看，不論我多麼希望可以實現這些夢想，但是這其中沒有一個夢想關係到我的命運，沒有一個夢想關係到神希望我成為的那種人，也沒有一個夢想，能夠使我對現在所擁有的一切感到滿足。

事實上，無論你多麼熱愛或仰賴你的夢想，那可能都不是你來到這個世界的理由，它可能不是你克服了那個驚人機率來到這個世界的理由，那可能不是神希望你從所有永恆中實現一切的理由。

舉一個例子來說明。長久以來，我的妻子一直想要成為一名律師。當她還是一個小女孩的時候，她就深深地為電視劇裡的審判團、陪審團和法庭所著迷。事實上，當她逐漸長大以後，有兩件事成了她生命中的最愛：成為一名律師的夢想，以及她的父親。她和父親之間的感情非常濃厚，他們兩人幾乎是密不可分的。當然她也深愛自己的母親、哥哥和家庭中其他成員，但她無疑地更是「爸爸的小女兒」。有一次，當她只有五、六歲的時候，她無意間偷聽到父親說他要去另一個城市出差。她突然變得相當憂慮，她回到自己的房間，收拾她的史奴比電動牙刷，她的「菲蒂」（feetie）睡衣、一雙襪子，她將他們全數塞進她的小圓拼布手提箱。然後她穿戴好帽子和外套，端坐在屋子門廊等待她的父親出來。當父親打開門，看見她膝上放著拼布手提箱坐在門階上時，他很自然地問她在做什麼。她只回答：「爸爸，我**必須**要跟你一塊兒去——不然，誰來照顧你呢？」他們之間的關係就是這麼親密。而隨著時日推移，他們的感情也越來越深。

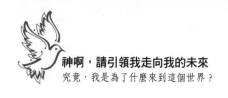

成為一名律師的夢想，也隨著她的日漸長大而逐漸增長。當她十幾歲的時候，她非常用功讀書，獲得各種學術獎項，她在大學裡主修法律預備課程。然而，如同生命中經常發生的事一般，她的計畫有了變化。家庭成員的死亡大大地震撼了她，而後她決定先休學一年，之後再進入法學院就讀。在那段時間，她獲得一個在幼稚園當老師的工作機會，那只是一個短期工作，可以讓她暫時喘口氣，並且存一些錢，為將來進入法學院做準備。

但就在那一年，一些有趣的事情發生了。她發現自己**愛上**了她的新工作。她喜歡和孩子們一起工作，她也喜歡看著孩子們學習。她愛上了擔任老師的這一份工作——幫助孩子們綁鞋帶、繫上外套的鈕扣，擦掉他們臉上的淚珠、為他們擦鼻涕，教導他們學習字母以及幫助他們開始閱讀。當她察覺到這一點時，一年、兩年過去了，然後三年、四年過去了。她的「短期」工作已變為她生命中不能缺少的熱情。所有她過去的夢想——站在人潮擁擠的法庭上，宣布激昂的結案證詞，贏得一場場困難的官司的美夢——已完完全全地消失了。取而代之的幻夢場景是真實生活中的小小男孩和小小女孩，用一種無辜、透徹而崇拜的眼光仰視著她，彷彿她是他們的第二個媽媽一樣。儘管這份工作賺的錢並不多，並不能像身為一名律師那麼地「揚名立萬」，但是她清楚地知道，每天站在教室裡的自己正在做些什麼，而這比起她過去的許多夢想更讓她深刻感覺到自己的存在價值。簡單地說，她了解自己**正朝著自己的命運前行**。

到了這裡，或許已足以說明故事的結局。但是，事實卻不只是如此，神總有祂的美意。當我的妻子擔任老師十年之後，她的父親被診斷罹患了阿茲海默症（Alzheimer's disease）。如果你不曾經歷過一個摯愛的人罹患這種疾病，就不可能明白它有多可怕。他不僅會忘記他所認識的人們、熟悉的地方或記憶，還會忘記生活中許多最基本的事情。他會忘記甚麼是刀叉，他會忘記數字和字母，他甚至會忘記如何扣上襯衫上的鈕扣和如何繫好鞋帶。而負擔最大的可能是他身邊的人——特別是他的家人。我妻子的母親很偉大，成為她父親的首要看護者。但是她無法獨自做到這一點，她需要幫助。在這件事發生後，我的妻子也幾乎無法承受這個打擊，於是她開始參與照顧父親的工作。她搬回家，每天從學校下了課之後就回家幫忙，週末的時候就帶父親到處旅遊，週日她陪父親觀看足球賽，空閒的時候就陪伴著父親。發生了這件事，對她來說很令人心碎，卻也很美好。她知道自己正送給父親一份很棒的禮物，她將父親一生中灌注在她身上的大量的愛，逐一回報給父親。雖然她恨透了疾病，但是，她衷心感謝神給予她減緩父親痛苦和維持父親尊嚴的能力。

不久後有一天，當她為父親拉上夾克的拉鍊時，她突然間頓悟了。每一件她所為父親做的事——包括教她的父親綁鞋帶、教他分辨數字與顏色的不同、重複地回答父親提出的相同問題、教父親書寫自己的名字——這所有的事情，她在擔任幼稚園老師時，都已受過專業的訓練了。就好像她花了十年時間所做的這些特殊訓練，都是為了要幫忙照顧這個她在世界上最愛的人一樣。她終於了解，為什麼從來沒有人強迫她繼續完成學業——神之所以引領她到另一個完全不同的方向的原因。假如她已經成為她夢想中的律師，她不僅會失去幫助那些可愛小孩的機會，她更無法以一個有意義的方式幫助她的父親。

這故事僅是巧合嗎？我並不這麼認為。這故事太過崇高，充滿了愛和自我犧牲。這個故事中充滿的不是接受，而是毫無保留的付出；這故事是幫助身邊承受苦難的人，並將之轉化為一種長久的寶藏。換言之，我們將能從中發現神所留下的痕跡。

我們所擁有的夢想經常都與我們內在的欲望有關，而那都是不切實際、華而不實的，這些夢想都沒有考量到一絲一毫神的旨意。每個人都曾經聽說過一些悲傷的故事：關於一些不快樂的電影明星的故事、一些沉迷毒癮的搖滾樂手的故事、一些慘遭貶職的公務員的故事、以及一些步上自殺一途的創作者們的故事。這些人都實現了他們的夢想，卻淪落一生悲慘的命運。這是為什麼呢？其中的一個原因，在於他們的夢想都與他們來到此生的目的不盡相符。他們迫切渴望擁有的——或許是名利聲望、或許是金銀財寶、也或許是權力地位——但是他們忘卻了，也許他們最需要的一件事，就是神已預定要賜予他們的那一件事啊！他們並沒有透過祈禱或高超的鑑別能力來確信神的旨意，反而是強迫用自己這把鑰匙，強行塞入不屬於他們的那一道鎖；他們扭曲自己、死命掙扎、拚命推擠、堵塞——直到他們終於把那道鎖破壞殆盡。

讓這些劇情在我們身上重複上演，一點意義也沒有。神知道我們內心最深切的想望，祂知道什麼能夠帶給我們最大的愉悅和最強烈的快樂。記住，祂正是創造我們的那一位，祂是創造我們這把鑰匙的工匠——所以祂知道什麼樣的鎖，該用什麼樣的鑰匙，才能打開。

電影《阿甘正傳》（*Forrest Gump*）就是一部關於命運的電影。男主角阿甘是一個呆子，他也知道自己「並不聰明」。但是他「清楚明白什麼是真愛」。他窮盡一生努力地當一個善良、慷慨且仁慈的好人——他用開放的一顆心，擁抱神所賜予他的命運。「生命就像是一盒巧克力，」他總是這麼說：「而你永遠不知道下一顆是什麼。」他並沒有和生命中各式各樣的「巧克力」抗爭，他真心地喜愛它們，並且「吃下了千百顆」。然而他周遭的人們卻不是如此。他愛上的那個女孩、他的越南中尉朋友，以及在他的人生旅程中所遇見的許多人——他們都只關心自己和與自己相關的問題。他們迫切地想要實現自己的夢想，他們想為自己創造**自己**所選定的命運。雖然他們的本質都不壞，但是他們都盲目地忽略了神想賜予他們的，是更偉大、更絢爛的命運，而那都是他們未曾想像得到的，然而他們根本不願意去想。

相反地，他們非常努力的與他們的真實命運對抗——然後他們自食苦果。不是因為神想要懲罰他們，而是因為他們的天性與生命的目的與他們所企圖創造的那片虛假天空全然不相符。阿甘的女友珍妮，最後染上愛滋，成為一具行屍走肉。而阿甘的朋友丹中尉，非常想要成為一名為國殉難的軍人，最後他在戰爭中失去了一條腿，成為一個憤世嫉俗、愛好挑釁的傷殘人士。只有阿甘，他完全接受了神的旨意，走向他真實的命運[1]。

這才是真正非凡而不可思議的命運啊！他並沒有做任何的嘗試，卻擁有了其他人最想經歷的精采冒險和刺激的人生：不知道什麼原因，他在他的人生中成了那些英雄事蹟中的一部分，他獲得了獎章、名聲、榮耀、讚許、國會榮譽勳章和數十億美元。這是為什麼？不是因為他特別聰明、英俊、有才華、見多識廣、迷人或優於常人，這一切只因為他將自己全然地託付給神賜予他的命運，因為他願意將注意力集中在生命中真正重要的事情上：努力當一個誠實、無私、善良、服從謙卑而虔誠的人。

這個故事是否告訴我們，一個人不應該追求夢想和計畫未來呢？當然不是。做這些事情都很重要，但你必須永遠將〈聖詠集／詩篇〉中所說的話牢記在心：「若不是上主興工建屋，建築的人是徒然勞苦。」即使你擁有夢想、希望、計畫和進度管理表，但你更該永遠記住，神已為我們計畫了一切——而這些計畫，早在這個世界被創造出來前就已經被訂立了。

你該如何知道神的「計畫」是什麼呢？不妨直接問問祂。

假如你想知道自己的命運，你所該做的就是透過祈禱，向神提出這個請求。畢竟，如果這個計畫已被訂立了這麼久，神為什麼要對你保密呢？祂當然希望你知道自己來到此生的目的，因為祂希望你能夠**出發**去完成你所肩負的命運；祂也希望你能夠開始解決那些宇宙中尚待解決的問題。

這並不代表祂會把一封信放在你的腿上，並對你說：「你的命運就是這樣。」這個祈禱與本書中其他的祈禱完全不同，它並不能給你立即的滿足感。相反地，它更是一種過程，神會**引領你**到達你的命運之所在，祂會一步一步地為你指引方向，並鼓勵你勇往直前。

比起本書中其他九個祈禱，這個祈禱需要更多更大的耐性。它需要你帶著對神的信仰和一顆真誠的心，往你所不熟悉的道路行走。事實上，提出這個請求有點像是在你的車上安裝一個神聖的GPS系統，而這些道路指引將使你日益精進：「這

1 珍妮和丹中尉在電影的最後，終於因為阿甘而得到了救贖。

邊應該右轉，那裡應該左轉，現在往前行駛，暫停一下，前方迴轉，等等。」到最後，假如你依循這些指示前進，或者說，假如你遵循聖神（聖靈）的激勵和指引——你就會到達你命運的目的地。

這裡有一個原因可以解釋，為什麼神永遠不會馬上告訴我們命運是什麼，卻傾向於一點一滴緩緩地向我們洩漏。因為祂更期待的不只是我們逐漸完成它，而是在我們完成了命運的目的之後，要成為祂所希望我們成為的**那一種人**。而有時候這場「人生歷程」只是為了要讓我們成為更棒的人，有時候這場旅程反而能讓生命變得更加美好、更加有趣呢！我們至今在生命中所經歷的所有事情——從我們還是個小小孩，到已長大成人的此時此刻——都可以幫助我們獲得神所希望我們成就的偉大和美好。即使是最糟糕的一些事——諸如錯誤、挫折、災難和悲劇——都能引領我們走向我們的命運。神將這一切看得清清楚楚，這也是為什麼最終我們仍會對祂心懷感謝的原因。最後我們必須這麼說，套一句流行鄉村歌曲的歌詞：「神賜予了這條破碎的道路，請帶領我到達祢的所在地吧！」

當然，想加速這個過程必有良方。有一種方法，可以使你的命運更快速地展示在你眼前。假如你**已經**是神所希望你成為的那一種人，那麼你也許就不需要一場漫長、艱困而痛苦的歷程來塑造你。這也是我們一再討論的一個關鍵點，不論你是否打算去建立一個更強大的信念，是否想要更有勇氣，是否擁有先見之明的智慧，是否想取得生活中的安寧、或者找到你的真實命運，這都將會幫助你**與神同在**。

「與神同在」將會是生命中最棒的捷徑、靈丹妙藥和平衡器。它不一定能阻止你的痛苦，但它將會保證，你能夠清楚而完整地看見神為你所做的計畫；它能保證你能夠盡可能用最有效率的方式，扮演好你人生中的角色。我認識一些年輕人，不論在心靈智慧、成熟度和判斷是非的能力上，他們都非常堅定地堅持自己的信仰，並且已經迎頭趕上年齡的差距，甚至遠遠超越他們周遭的成年人了。如果他們不是已經走在自己注定的命運之道上，那麼很明顯的，他們就是正用一種驚人的速度在向命運邁進。我也認識一些已逾花甲之年的人們——一些識途老馬、知書達禮的人——卻在自己的人生道路上迷失了方向。他們並不知道他們未來的方向，不清楚他們來到此生的目的為何，也不知道他們生活的意義在哪裡。我並不是在說那些經歷著中年危機的男人，我所指的是一些根本不夠成熟的靈魂，當談到精神層面的問題時，他們早已遺失了靈魂，對於他們本就擁有的注定命運與他們必須去履行命運的概念毫無所知。

但是，一個人該如何與神同在呢？就是藉著實行我們在本書中所討論的所有事：相信神、並且真實地將信仰託付給祂，藉著努力去順從祂的命令，當你墮落、犯錯時向祂懺悔，永遠對你所得到的祝福懷抱感謝——特別是**生命**這一份禮物。要心懷虔誠，而非驕矜自滿；要虛懷若谷，而非目空一切。要奉獻你的人生，為需要幫助的人服務，就如同神以人類的形象降生來幫助我們一樣。簡而言之，就是藉著**與神同在**。

當你與神同在之時，你就已經在前往實現你的命運的快速軌道上了。這與你的年紀大小、你身上有無疾病、你的貧窮與否、或你正遭受多少限制，都毫無關係。只要你活著，你就已經擁有足夠的能力來完成神預備給你的種種不凡事蹟了。但問題是，有許多人即使外在的形體仍然活著，他們的內在卻早已死亡；有些人雖然還在呼吸，其實與死亡無異。你知道該如何分辨你的內在是否早已死去了嗎？那就是當你放棄成為一個英雄的時候——也就是你不再相信，你的生活其實可以比任何一部偉大的電影或小說都來得更加精采的時候。

絕對、絕對不要這麼做！神不會准許這一切的，過分高估這一點是不可能的。你可以繼續經歷這些巨大的痛苦，你可以用任何方式去經歷這些孤單、沮喪和傷害，然而，你仍然必須完成你所該做的。永遠都要記住，我們崇拜的是一位承受苦難的神。因此，當你正遭受痛苦的折磨時，也是你與神**最親近**的時候，如同一位傳教士所說的：「你正坐在一張『充滿力量的座椅』上。」你的年紀越是老邁，你的身體越是衰病糾纏，你就越有潛力與能力成為為神奮戰的勇士。你肩膀上所能承受的苦難越多，你就越能擁有實現生命中英雄精神的能力。因為若當你所承受的苦難就和基督被釘上十字架時所承受的痛苦一樣深，卻還能懷抱著信仰和信賴對神說：「**請引領我走向我的未來**。」那麼無庸置疑的，神將會為你和你身旁的人們帶來難以置信的美妙奇蹟。

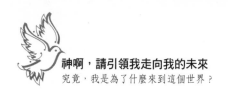

這並不是宣傳宗教的方法，這不是所謂的「正面思考的力量」，這也不是一種激發積極性的演講內容，這是一項**真理**，這是對神的信念。耶穌基督說：「看，我已更新了一切。」（默示錄／啓示錄 21:5）這其中也包含了人們的人生——在每一個階段。假如你天天請求神引領你走向你的命運，我可以保證，死亡將不會在你達成目標之前降臨。

你知道結果會是什麼嗎？你的人生將會是一場可觀的冒險歷程，它將會充滿信念、充滿趣味，而且深刻無比。你的生命將充滿著各種貢獻自己、以利他人的英勇事蹟。你的生命將會滿載著超凡的勇氣和智慧，以及一份極其豐盈的愛——包括你付出的、還有你得到的。那麼，是否仍會有苦難存在呢？當然是的——就像每個人都會經歷的那樣——但是你將會帶著信仰和寧靜的心境，通過所有的試煉。事實上你整個生活將會充滿平靜——一種深沉、恆久的安寧。而到了最後，當你離開塵世的時間到了，你的心裡將不再有悔恨和眷戀，不會再因為虛度光陰而掉下淚來，對於「過去發生過的事」不再感到懊悔和悲傷。你可以輕鬆自在地悠遊於神賜予你的智慧之中，因為你的這一生已為神帶來了原本就該歸還給祂的至上榮耀，因為你完成了神所賦予你的命運——在你被創造之初就已注定的命運。

更有甚者，即使你終於停止了呼吸、你的脈搏停止了跳動，這場偉大的歷險也不會就此終止。因為當你再次睜開雙眼，給予你以及這整個世界鮮活生命的那一位，將會看著你，說出所有善良並擁有堅定信仰的人們最渴望聽見的話語，說出那段將給予你遠超過你在人世間所經歷的一切美好的話語，你將聽見祂這麼說：

「好！善良忠信的僕人……進入你主人的福樂罷！」（瑪竇／馬太 25:21）

做個神眷顧的寵兒

神啊！讓我讚美祢的所有美好，
感謝祢所賜予的豐盈。
神啊！請用祢永恆的「好」
來回應我的十個請求：

當我看不見祢的臉龐，
請使我見證祢的存在；
請讓痛苦的靈魂來到我的身邊，
我將逐一抹去他們身上的傷痕；

請讓我用祢睿智的雙眼，眺望塵世；
請用祢的智慧，填滿我的心神；

除了祢的智慧，亦請賜予我
以祢的意志排除萬難的力量；

請賜予我豐盈的美好，
請讓我參與試煉，
我將會欣喜地讓祢看見，
我擁有的比祢所賜予的更多。

在每個淒冷、困頓的日子裡，
請賜予我安寧如祢；
用祢慈愛的手臂，給我扶持，
使我遠離苦難和傷害；

儘管早已罄竹難書，
請寬恕我所犯下的所有罪惡；

當死亡和邪惡揮動勝利的旗幟，
請帶給我光明和希望，使我遠離悲劇。

最重要的是，請為我展示——
我生命的真義，
我榮耀的目的，
我在困厄中掙扎的理由，
我和天堂的邂逅，
將不再有眼淚流下。

親愛的神，請准允我所有祈禱，
以耶穌之名，
阿們！

致謝

寫一本書——即使是像這樣一本頁數不多的書——它代表的是一種承諾，不僅僅是為了作者本身，更是為了所有接近他、喜歡他的人。

我並不是驕傲，或是想炫耀這是一本**不容易**書寫的書。不同於其他領域的神學書籍，它相對起來較為清楚，使讀者更容易理解。數千年來，祈禱已成為精神思考的核心，這麼說一點也不誇張，已有數十億關於這個議題的探討文字被書寫下來了。一些世界上最知名的傑出思想家，以及一些偉大的聖人和殉道者，他們都對神學探討做出了許多貢獻。所以，最初當我開始想寫這本書的時候，我感到些微的壓力，這種感覺至今仍然存在。

事實上，假如不曾擁有許多人的支持、指導和協助，我根本不可能完成這本書。所以，此時此刻，請允許我衷心地表達對上天的感謝，感謝這些人成為我生命中的一部分：

首先是信任我的小小讀者群。那些最早閱讀手稿章節的人們，展閱我的文字，提供了他們的寶貴意見給我：我的父親和母親：薩爾和羅拉・戴斯特法諾（Sal and Laura DeStefano）；我的弟弟們：維托（Vito）、卡爾民（Carmine）、塞爾瓦托（Salvatore）；我的妹妹艾莉莎（Elisa）；我的妻子金柏莉（Kimberly）；我最好的朋友傑瑞・霍恩（Jerry Horn）和他的女兒喬丹（Jordan）。

特別是我的妻子金柏莉，在整段過程中，她一直給我很大的鼓勵和支持。為了使我的書更好，她不僅提供許多良好的修校意見；在這段艱辛的日子裡，當我為了一些理由使寫書進度停滯或落後時，她也努力增強我的信心。這本書的完成，她的努力佔了大部分功勞。

我不認為有人像我一樣，擁有一個這麼好的團隊、盡心盡力的同事和幫手：喬丹・霍恩（Jordan Horn）、崔西・克拉洛（Tracy Corallo）、丹尼爾・米妮娜瓊絲（Danielle Malina-Jones）、莉莎・阿瑪絲（Lisa Amass），和我的弟弟卡爾民，他們一步一步地幫助我度過一些你所能想得到的難關。特別是喬丹和卡爾民，他們盡力地幫助我，不求一絲回報。對於他們為我做的一切，言語已不足以表達我內心的感謝。但是，真的謝謝他們！

我是一個幸運的人，總是擁有許許多多令人驚喜的朋友，他們之中有些人甚至還將他們美麗的家園出借給我，供我書寫和編校這本書。我心中對他們只有難以言喻的感謝：住在美國加州夢落灣的大衛（David）和瑪莉・韋爾奇（Mary Weyrich）；住在漢普頓的湯姆（Tom）和溫蒂・郝威（Wendy Howey）；住在佛羅里達州薩拉索塔的拉爾夫（Ralph）和卡羅琳・喬治（Carolyn Giorgio）；以及住在美國威斯康辛州溫納孔訥的瑪格麗特・瑪麗・奧特（Margaret Mary Ott）。身為一個作者，能擁有這麼多慷慨熱情的好朋友，實在是一件再美妙不過的事了！

雖然我的背景是天主教徒，但我努力地將這本書寫得讓所有基督徒都能夠接受，甚至希望所有信仰的人們都能閱讀它。為此，我更慶幸能擁有許多學者和朋友的投入和支持，特別是迪克・博特（Dick Bott）、特瑞莎・博克博士（Dr. Theresa Burke）、威廉・P・克拉克法官（Judge William P. Clark）、麥克・科爾韋爾神父（Father Michael Colwell）、邁克爾・克羅博士（Dr. Michael Crow）、狄克・伊士曼博士（Dr. Dick Eastman）、多恩・伊登（Dawn Eden）、安東尼・弗龍主教（Monsignor Anthony Frontiero）、邦尼・霍恩（Bonnie Horn）、詹姆士・李三特主教（Monsignor James Lisante）、湯姆・麥凱布（Tom McCabe）、珍妮特・莫拉尼亞（Janet Morana）、吉米和卡羅・歐文（Jimmy and Carol Owens）、斯科里布納（Charles Scribner III）、瑪麗．沃辛頓（Mary Worthington）、布萊恩．揚（Brian Young）。最後，更要感謝馬丁諾樞機主教（Cardinal Renato Martino）——正義暨和平委員會的主席。

我特別要感謝的，是我在雙日出版公司（Doubleday）的好朋友，也是一個傑出的出版商——史蒂芬．魯賓（Steve Rubin），雙日宗教出版商比爾．巴雷（Bill Barry），和我的編輯崔西．摩菲（Trace Murphy）——他們是一群真正的紳士和精湛的專業人士。事實上，整個雙日出版公司團隊就像神話一般美好，我很慶幸自己能與他們一同合作。我認為他們是最稱職和體貼人心的出版公司。在此特別要感謝麥可．派爾根(Michael Palgon)、依莉莎．派克(Elisa Paik)、達爾雅．波拉特(Darya Porat)、魯迪．浮士德（Rudy Faust）、凱利．丹尼爾（Kelli Daniel）、普麗蒂．派拉雪瑞米（Preeti Parasharami）、朱蒂．雅各彼（Judy Jacoby）、傑奇．艾佛利（Jackie Everly）、愛麗生．瑞奇（Alison Rich）、賈內睿．摩波格（Janelle Moburg）、路易斯．奎爾（Louise Quayle）和約翰．芳塔納（John Fontana）。

彼得．米勒（Peter Miller），是PMA文學電影管理公司（PMA Literary and Film Management, Inc.）的董事長，長久以來，他是我最強大的支持和擁護者。彼得是一個非常有膽識的文學經營者和交易商，也是我的工作領域裡最棒的朋友和值得信賴的夥伴。只要這隻「文學中的獅子」在我身邊，我知道他將為我擊敗一些人，推開各種障礙、克服所有困難，而我也得以發表著作，廣大的讀者也才有可能閱讀我的作品。

米歇爾．拉普金（Michelle Rapkin）是我在雙日出版社的前任編輯，她給了我寫這本書的靈感，至今仍是我最要好的朋友之一。事實上，從我開始撰寫心靈類書籍時，她就一直是我的文學和良知導師。本書中的每一個章節，都暗嵌著她善良和智慧的印記。能擁有像她這樣的好編輯，真是太棒了！

弗蘭克．帕沃內神父，M.E.V.，是福音生命傳教（Missionaries of the Gospel of Life）的創始者，也是我在第七章所提到的神父，他可能是這本書能完成的最大貢獻者了。和弗蘭克神父一起工作，感覺就好像是和托馬斯．阿奎那、G. K. 切斯特頓、C. S. 路易斯一起走在大廳上一樣！我這麼說一點也不誇張，書本中的精華部分，都是來自於我過去這二十年來，對神父的觀察和聆聽所致。

傑瑞．霍恩是我的同事和非常要好的朋友，他提供了我很大的協助，幫助我完成這本《改變生命的10種祈禱》以及我的上一本書《天堂旅遊指南》。多少次他不僅引領我一個正確的精神方向，更幫助我集中寫作的注意力，面對千百種難題、細節和挑戰，陪我度過這段忙碌的日子。沒有傑瑞忠懇的協助，《天堂旅遊指南》和《改變生命的10種祈禱》就不可能完成。我的作品能夠被書寫和出版，都要感謝你！傑瑞——謝謝你為我們一家人所做的一切！

最後，我想將我滿心的感謝，一一獻給所有為我祈禱的人們，在我寫這本書的過程中，不斷為我祈禱，並期許這本書成功的人們。在我心裡，已不再有任何孤立無援的疑惑，而神已聽見了這些祈禱；多少次祂已奉獻了祂的愛，並向我伸出援手，而這些都是我永遠無法償還或回報的。

謝謝你們！願神保佑你們！

國家圖書館出版品預行編目資料

改變生命的10種祈禱 / 安東尼・戴斯特法諾(Anthony DeStefano)著；林冠儀譯.——初版.——臺北市：啓示出版：家庭傳媒城邦分公司發行,2010.10
面：　　公分.——（Soul系列; 24）
ISBN：978-986-7470-52-2（平裝）

1.基督徒 2.靈修

244.93　　　　99018219

Soul系列024

改變生命的10種祈禱

作　　者／安東尼・戴斯特法諾（Anthony DeStefano）
譯　　者／林冠儀
企畫選書人／彭之琬
責任編輯／李詠璇

版　　權／林心紅
行銷業務／林詩富、林彥伶
總 經 理／彭之琬
發 行 人／何飛鵬
法律顧問／台英國際商務法律事務所羅明通律師
出　　版／啓示出版
台北市104民生東路二段141號9樓
電話：(02) 25007008　傳眞：(02)25007759
E-mail:bwp.service@cite.com.tw
發　　行／英屬蓋曼群島商家庭傳媒股份有限公司 城邦分公司
台北市中山區民生東路二段141號2樓
書虫客服服務專線：02-25007718；25007719
服務時間：週一至週五上午09:30-12:00；下午13:30-17:00
24小時傳眞專線：02-25001990；25001991
劃撥帳號：19863813；戶名：書虫股份有限公司
戶名：英屬蓋曼群島商家庭傳媒股份有限公司城邦分公司
訂購服務／書虫股份有限公司客服專線：（02）2500-7718；2500-7719
服務時間：週一至週五上午09:30-12:00；下午13:30-17:00
24時傳眞專線：（02）2500-1990；2500-1991
劃撥帳號：19863813 戶名：書虫股份有限公司
讀者服務信箱：service@readingclub.com.tw
城邦讀書花園：www.cite.com.tw
香港發行所／城邦（香港）出版集團有限公司
香港灣仔駱克道193號東超商業中心1樓_ E-mail:hkcite@biznetvigator.com
電話：(852) 25086231　傳眞：(852) 25789337
馬新發行所／城邦（馬新）出版集團【Cite (M) Sdn. Bhd.】
41, Jalan Radin Anum, Bandar Baru Sri Petaling,
57000 Kuala Lumpur, Malaysia.
Tel: (603) 90578822　Fax: (603) 90576622　Email: cite@cite.com.my

封面設計／徐璽
排　　版／極翔企業有限公司
印　　刷／韋懋實業有限公司
經　　銷／高見文化行銷股份有限公司
電話：(02)2668-9005　傳眞：(02)2668-9790　客服專線：0800-055-365

■2010年10月5日初版
■2019年 5 月6日初版12刷
定價250元　　Printed in Taiwan

TEN PRAYERS GOD ALWAYS SAYS YES TO: DIVINE ANSWERS TO LIFE's MOST DIFFICULT PROBLEMS by ANTHONY DESTEFANO

城邦讀書花園
www.cite.com.tw

 ISBN 978-986-7470-52-2

開啟你的靈性力量

The Invisible World: Angels, Demons and Other Spiritual Realities

安東尼．戴斯特法諾

Anthony DeStefano 著

朱怡康 譯

定價250元

《改變生命的10種祈禱》作者全新力作，
一本讓隱形的靈性世界栩栩如生的書！

我們生活的世界是有靈性的，不去接觸就等於捨棄了大半的生命。
不論我們相信與否，都無法改變它存在、並且影響著我們的事實。
這個隱形的世界與我們切身相關，只要瞭解它，就能掌握人生最重要的真實意義。
本書教你如何打開靈魂之眼、開啟隱形力量，用全新的眼界，圓滿並豐富你的生命！

你我身上，都有個叫「靈界感應器」的小東西，每當神秘、超自然現象發生時，它都會在我們腦子裡嗡嗡作響。你可曾悠閒地坐在家裡，突然想起某位你好久沒想起的人，接著電話響起，打過來的竟正好是那個人？很多人都有這樣的經驗。那麼，「靈界感應器」是什麼呢？

在我們肉眼可見的現實世界之外，我們身邊還存在著一個肉眼不可見的靈性世界。很多人不知道它的存在，也不知道我們能從中得到什麼。其實，有方法可以讓我們「看見」這個世界，並且從中得到幫助與力量。安東尼・戴斯特法諾在本書中，為我們揭開了關於這個隱形世界的種種真相：天使與魔鬼是否真的存在？我們深愛的人在逝去之後到了哪裡？人類的靈魂來自何方？我們所受的苦難到底有什麼意義？神如何參與我們的生命，如何引領我們跨越生命中的重重難關？這些與我們切身相關的重要問題，都會在本書中一一得到解答。書中也討論到，在面對人生這場戰役時，我們該如何運用神賜予的「恩典」以及我們所承受的「苦難」，來轉化各種危機與絕境，並且將我們的生命提升到更好的境界。本書提供了「看見」靈性世界的方法，如果你有所疑惑，何不試著依照書中所述，戴上配備了「神聖鏡片」的靈性眼鏡，打開你的「靈性視覺」，你將發現，整個世界會在一瞬間煥然一新，你的生命也會就此徹底改變！

天主教樞機主教 單國璽．台灣神學院舊約學助理教授 徐萬麟．政大宗教研究所教授 蔡彥仁．馬偕醫院社福室主任暨院牧 鄭頌苑．安寧照顧基金會執行長 張嘉芳．知名藝人傅娟——熱誠推薦

25個扭轉人生的改變法則

JOLT! Get the jump on a world that's Constantly Changing

菲爾・庫克 Phil Cooke 著

王淑玫 譯

定價300元

你還相信「以不變應萬變」嗎？
小心！被淘汰的會是你！
在環境急速變化的時代，我們隨時面對各種問題：
公司倒了、求職不順、婚姻危機、工作過勞、職場壓力，生存危機…
只有「以改變應萬變」才能真正革新生活。
本書的25個震撼改變法則，教你如何按下人生的RESET鍵，
讓你真正取回人生的掌控權！

現今的世代變化速度快得讓人眼花撩亂，我們往往在沒有準備好的時候被迫改變。或許你被開除或是遣散、錯失晉升的機會、推銷不掉你心愛的企劃、配偶離你而去、婚姻失去了火花、有嚴重的健康問題、失去公司、或者找不出活下去的理由。身處在隨時都可能改變的世界，我們跟得上變化的腳步嗎？我們要如何適應？當變故發生時，我們到底該怎麼做？

在本書中，好萊塢媒體大師將揭露成為「改變專家」的祕密，他說：「一旦你改變了，你周遭的每一個人都會改變！」他所提出的25個「震撼改變法則」，上至公司老闆、下至家庭主婦，每個人都適用，它們將帶領你創造出新的方向、讓你的潛力提升到極致、克服你的不安全感、強化你的價值觀，並且創造出神奇的未來。書中引用了上百位各界名人的語錄，包括：愛因斯坦、富比士雜誌發行人、聖經、美國總統……他們都將在書中分享創造改變的秘訣，給你改變的力量。

不論你想改變的是你的生活、你的工作，還是任何一樣你不滿意的事物，只要掌握25個「震撼改變法則」，就等於掌控你的人生，讓你心想事成！

飛碟電台「下班女王」節目主持人朱衛茵・城邦出版集團首席執行長 何飛鵬・知名勵志作家、電台主持人 余秀芷・醫師作家、荒野保護協會榮譽理事長 李偉文・知名新聞主播夫妻檔 岑永康、張珮珊・卡內基訓練負責人 黑幼龍・風潮音樂創辦人 楊錦聰・暢銷作家、美國奧瑞崗大學口語傳播博士 戴晨志・知名作家、兩岸企業內訓講師 謝文憲——齊心推薦！（依姓氏筆畫排列）